巧合

不可思议的神秘概率之谜

THE COINCIDENCE

石默◎编著

时 事 出 版 社

图书在版编目(CIP)数据

巧合:不可思议的神秘概率之谜 / 石默编著.—北京:时事出版社,2014.9(2023.6 重印)

ISBN 978-7-80232-766-5

Ⅰ.①巧… Ⅱ.①石… Ⅲ.①科学知识－普及读物 Ⅳ.①Z228

中国版本图书馆 CIP 数据核字(2014)第208250号

出版发行:时事出版社
地　　址:北京市海淀区彰化路 138 号西荣阁 B 座 G2 层
邮　　编:100097
发行热线:(010)88869831　88869832
传　　真:(010)88869875
电子邮箱:shishichubanshe@sina.com
网　　址:www.shishishe.com
印　　刷:三河市华润印刷有限公司

开本:787×1092　1/16　印张:18　字数:260 千字
2014 年 9 月第 1 版　2023 年 6 月第 7 次印刷
定价:32.00 元
(如有印装质量问题,请与本社发行部联系调换)

前言

鸟瞰地球，在我们生存的这个蓝色星体上，科技发达，物质繁荣，而诸多未解之谜也为它蒙上了一层神秘的色彩。虽然我们用各种各样的科学知识去认识这个世界，但得到的答案却只是冰山一角，越是深入了解，就越会发现未知世界的宽广。

本书讲述了我们生活中发生的一些奇怪、令人匪夷所思的事件，它们表面上看起来没有多少联系，但实际上却存在着千丝万缕的联系，仿佛有一双无形的手在背后操纵，我们暂且把这些事件的起源归结为巧合。

灾难悲剧的巧合使我们不知道是哪一双巨手在操纵这神秘的一切；牵涉生死的巧合事件使我们看不到前因后果，也看不到前世今生；一个人可以通过梦境、幻觉、直觉等方式对隐藏着的密码或未来事件的信息预先感知，从而预报天灾人祸、事业命运的种种神奇；孪生子之间常常存在着种种神话般的不可思议的巧合，在某种程度上更为确切地指向了这个世界的隐秘，让人迷惑难解……

一系列离奇的巧合事件如同空气一样无处不在，而这种看似如造物主的完美设计，也给我们生活的世界添加了几分神秘的色彩。

这些离奇的巧合事件究竟有没有潜在的规律可循呢？当我们读到这些故事的时候，几乎都会睁大眼睛，难以置信地大声惊呼：这怎么可能呢？是不是太巧了？世上怎么会有这样巧合的事呢？真是太不可思议了！是的，它似乎超出了人类所能预知的范畴，甚至超出了科学所能解释的范畴。

我们相信巧合，但不宣传宿命。现在看来像谜一样的事情，也许多年之后就会真相大白。当我们掩卷惊叹之余，会猛地发觉，面对大千世界，人类的想象力目前还远不能及，未知的世界还有待于人类去研究，去揭开现象背后的规律。

目录

Contents

第一章 巧夺天工

第十二章　家族奇缘

第十三章　奇闻怪谈

第一章
巧夺天工

大自然是神秘的，它的诸多谜团需要通过科学才能解开。这个世界上的所有事物都不可能独立存在，即使是看起来毫不相干的两个事物，它们之间也存在着某种联系，这种联系在被偶然间发现之后，会显得那样的神奇，令人不可思议。

地球和人体的巧合

人类生活在地球上，地球给人类提供了赖以生存的物质基础，跟人类有着千丝万缕的联系，而这其中最为巧合的便是，它的结构与人类也有着许多惊人的相似之处。

例如：胎儿在母体中时，是靠脐带从母体中吸取生命的养料，所以肚脐是人体的供养点。肚脐位于人体中线上，恰好与把人体“黄金分割”的纬线相交。与此相对应的是，在地球上，中东地区位于东经30度与东经60度之间，北纬30度穿过此地，恰好把东半球中分。如果把人体的供养点与地球的“肚脐”相对应，就不难发现，中东地区蕴藏着巨量的液体能源——石油。

再说说人体的头部吧！人体的头部是人生命的中枢机构，而地球的南极恰恰也位于地球最前端；人类开发南极资源是在19世纪50年代，而差不多与此同时，人类也开始对大脑的深层进行研究。

另外，中医研究发现，人体上有一些绝对不能动的穴位，俗称“死穴”。肚脐所对应的腰部，中医称之为“命门区”，穿过这一区的纬线称之为“保命线”。人体的死穴不仅集中在命门区，而且正好排列成九宫图。

再看看地球吧！如果按九宫幻方计算，地球的死穴要比现在发现的“百慕大三角区”的范围还要广。中东地区的位置恰巧落在北纬30度线附近，而关于这一纬度线，人们已发现了许多神秘而有趣的自然现象。我国的长江、美国的密西西比河、埃及的尼罗河、伊拉克的幼发拉底河等大江大河的入海口竟都在北纬30度线附近。地球上最高的山峰——珠穆朗玛峰和最深的海沟——西太平洋中的马里亚纳海沟也在北纬30度线附近。此外，像埃及的金字塔和狮身人面像、北非撒哈拉沙漠的“火神火种”壁画、死海、巴比伦的“空中花园”、远古玛雅文明遗址，还有令人惊恐万状的“百慕大三角区”等世界奇迹和迷阵都在这一纬度线上。

看来，我们在一些文艺作品中称呼地球为人类的母亲一点都不为过，因为从上面的叙述中我们可以发现，人体中许多地方都像是得到了地球母亲的“遗传”。

北纬30度的奥秘

北纬30度就像一个制造奇幻事件的加工厂，不断有令人感到惊奇的事件在这附近发生。以下就是一些流传较广的神奇事件。

1893年10月25日深夜，一个西班牙籍士兵在菲律宾总督府门前站岗时，突然神志不清昏睡过去。次日清晨，他醒来时，竟然发现自己站在墨西哥的政府大厦前，感到十分奇怪。当地人认为他是精神失常，所以将他交给了教会处理。受冤枉的士兵别无他法，只好跟墨西哥人打赌：“昨天夜里，菲律宾总督被人用斧子暗杀了，这个消息总有一天会传到你们这里，那时你们就会相信我没有说谎了。”两个月后传来的消息证明了士兵所讲属实，人们才不得不相信他的话，将他从教会里放了出来。这到底是怎么回事呢？

时间上溯到1946年4月4日，一架轰炸机突然失踪，然而就在17年后的一天，这架神秘失踪的轰炸机却又突然出现在驾驶员上下班必走的石子路上。

而接下来所发生的事情更令人吃惊。一架在1955年飞越百慕大三角海区时失踪的飞机于1990年完好无损地飞回原定目的地机场，早被推断死亡的两个飞行员也安然返回。机场官员对此事感到非常吃惊，然而飞机上的飞行员却对被围观的情形感到大惑不解，他们还以为现在是 1955 年，因为他们刚穿越墨西哥湾，从诺福克来到墨西哥坦皮科。其中一名叫帕伯劳的飞行员，其出生证表明他现在已有 77 岁，但从脸部来看他只有 40 岁出头。他的弟弟阿尔费雷德说："我急于想看看这个自称是我哥哥的人，那个悲剧我记得清清楚楚。哥哥从美国寄来一封信，告诉我说他和马里安诺正准备返航，这是我最后一次听到他的音信，这架飞机再也没有回来。"

类似这样的事情还在不断地发生着，一切都显得那样令人感到难以理解和无法说明。

1958 年 9 月的一个晚上，阿根廷一名青年司机开着汽车从首都布宜诺斯艾利斯出发，来到布兰卡港的公路上。大约 11 点，他突然被一道强烈的光晃得睁不开眼睛，赶紧将汽车停在路旁。他感到有些困，就睡着了。不一会儿，他从沉睡中惊醒过来，却发现自己的汽车不见了。年轻的司机踉踉跄跄地走在公路上，截住一辆汽车，对车上的司机说："我去布兰卡港，我的汽车不见了，我没有找到它。""什么，布兰卡港？你在开玩笑吧，这儿都快到萨尔塔啦！""什么，萨尔塔？现在几点钟了？""快夜里 12 点了，年轻人！""这不可能！我记得那道强光晃我之前，我看了下表，才 11 点 10 分！我怎么会在半个多小时里走了 1.3 万千米。这简直把我搞糊涂了……"这个司机以为青年司机有些精神失常，就载他来到附近的警察局。然而，就连警察也觉得青年司机有些神志不清，因为他讲自己刚刚还在布兰卡港。于是，他们马上打电话给布兰卡警察局。后者的回答是，他们的确在一条公路旁的洼地里发现一辆汽车，它的型号同那个司机讲的一模一样。萨尔塔的警察听罢，不觉大吃一惊……

时隔 10 年之后，1968 年 6 月 29 日，吉拉尔德·波达偕夫人搭乘 DC—3 客机飞往达拉斯。波达先生往洗手间走去后再也没有回到座舱来，其夫人哭叫着同空中小姐去洗手间和所有机舱空间寻找，都没发现波达先生的踪影，飞机上一切门窗正常。事后乘客们回忆道："那时飞机正飞过密苏里州罗拉的北部上空，波达向洗手间走去时，客机忽然意外地晃动了一下，但很快就恢复了正常。不久，就听到夫人的哭叫声。”

如果说这些还不足以令人感到惊奇的话，那么在现今的高速公路上发现100多年以前的战士是不是够奇幻呢？那是发生在1990年10月份左右的事，有人在佐治亚州的高速公路旁发现了一位受伤的战士。很明显，他穿越了1863年葛底斯堡战役中的时间陷阱。精神病理学家对联盟军二等兵本杰明·考奇进行了仔细的检查，基于外科医生从他的腿上取出了美国北方军旧式步枪的子弹，他们得出一个结论：“他属于而且来自于至少127年前的19世纪。”负责检查这个29岁战士的精神病理学家说：“从精神病理角度考虑，可以证明他神志清醒而且讲的都是事实。但从医生和科学家的角度来看，我们对二等兵考奇进行的所有研究都暗示我们所接触的是超自然和时间的弯曲。”

这些令人无法理解和难以想象的事情就这样在北纬30度附近的地域不断上演着，为什么偌大的地球只有这一区域会有这样的事情发生呢？仅仅是巧合吗？如果不是巧合又会是什么呢？今天的我们真的难以作出一个合理而科学的解释。

神秘海域百慕大

在我们生活的这个地球上，最神秘且被人谈论最多的地方恐怕就属百慕大了。而引起人们好奇的，就是在这个区域内所发生的一些无法解释的神秘失踪现象。据不完全统计，自20世纪以来已有上百架飞机和两百余艘船舰在这片神秘的区域失事或失踪，下落不明的失踪者有数千人。

1963 年 2 月 3 日，美国“凯恩号”油轮在平静的百慕大海面上航行，突然，它与陆地的无线电联系中断了，连呼救信号都未发出就没了踪影。此外，两艘核潜艇也在百慕大海域消失得无影无踪。

1945 年 12 月 5 日，美国海军 5 架“复仇者”式海上鱼雷轰炸机在返航途中竟一同消失在百慕大海区上空。飞机失踪前向地面指挥塔传送了令人费解的谈话：“我们不知道自己在什么地方……我们好像迷失了方向。”“……就连大海也变了样子……”“疯狂旋转的罗盘……”“进入的海水……”“我们完全迷失了方向……”飞机失踪后，美国最高军事当局动员了规模空前的舰船和飞机，对包括百慕大水域在内的近 200 万平方千米的海陆范围进行了严密搜索，然而连一点残片和油滴都未找到。而分外怪异的是，就在 5 架轰炸机在百慕大海区失踪后的数小时内，仍有一个设在迈阿密的美国海军航空基地不断地收到来自失踪飞机的微弱信号。

这些莫名其妙失踪的船舰和飞机究竟到哪里去了呢？难道百慕大水域真的存在什么特殊的“时空域”结构？一系列事实的呈现加深了研究者们的猜测，也使得百慕大三角海域愈显神秘。

1968 年，美国航空公司一架大型客机在飞越百慕大海区时，竟在地面荧光屏上失去图像达 10 分钟之久，尔后它却安然无恙地降落在迈阿密机场，抵达时间也大大提前了。机组人员虽未遭遇任何奇异事件，但飞机上所有钟表都比陆上慢了 10 分钟。显然，根据相对论，只有飞机加速到接近光速，这种情况才有可能发生。

1977 年，一架水上飞机载了 5 名乘务员进入百慕大水域进行现场考察。考察人员在机舱内进餐时，突然发现刀叉变弯，钥匙变形，罗盘上指针偏离了几十度，录音磁带中出现了噪声。面对此情此景，考察人员不禁疑窦丛生。

1988 年，一对瑞典夫妇乘坐游艇在百慕大“魔三角”历险。在大巴哈马岛附近，游艇发动机突然熄火；紧接着游艇被慢慢地吸入海区中心水域，被一片浓雾笼罩。在雾中，夫妇俩闻到一股异香，听见空中传来爆裂声，船上的雷达及其他仪表完全失灵，指南针胡乱转来转去。但是几分钟后，游艇居然飘出浓雾，到达百慕大三角海域之外，而且发动机、雷达等一切设备又都恢复了正常工作。有趣的是，夫妇俩的智商在这次神秘的百慕大经历之后都明显地上升。丈夫基尔维斯丁以前法文基础很差，可现在他居然可以看懂法文杂志了，后来又很快熟练地掌握了几门外语，成为公认的外语学习上的“奇才”。妻子以前连支票余数都辨不清，现在竟可以做相当复杂的数学题，连她本人也为自己成为“数学通”而深感意外。负责对这对夫妇进行测试的科学家在力争找出这桩奇事的谜底。

1989年，一艘失踪近8年的英国游船“海风”号在百慕大水域的原失踪海面重新出现，而船上的6个人都平安无事。只是他们对这8年消逝的时光都毫无记忆，感觉无非是一瞬间；他们无法回答其间的神秘际遇，以为“刚才”什么都没发生。其实早在20世纪30年代海船再现事件就已发生过，但那时人们只发现了完好的空无一人的“幽灵船”。

为什么百慕大水域能够造成人体智能上的变化呢？为什么船只能够失而再现呢？难道百慕大三角海区果真有什么超自然的力量存在？或者，这一切都只是巧合而已？从地理环境来看，百慕大海区确有其特殊性。这里有势力强大的暖流经过，并多飓风、龙卷风，海底地貌复杂，大陆架狭窄，海沟幽深，地处火山与地震的活跃地带，但这些并不足以解释百慕大水域何以多事。

埃及金字塔之谜

提起埃及，人们必定会想到金字塔，并且还能说出世界上最大的金字塔是胡夫金字塔，甚至能较为准确地说出其长宽高各是多少。

一点不错，埃及的金字塔是人类建筑史上的奇迹，就拿建成时间大约在距今4700年前的胡夫金字塔来说吧，其刚刚建成时的高度为146.59米，底边长度为230米，由250多万块每块重约2.5吨的巨石垒砌而成。随着岁月的流逝，经历过自然界雨雪风沙侵蚀的胡夫金字塔已经不复当年的雄姿，现在的它高度仅为138米，而底边长度则为220米。尽管如此，它仍不失为世界之最，高高矗立在蓝天白云与满目黄沙之间，可谓人间奇观。然而，最令人感到惊奇的并非是金字塔的外表，而是发生在胡夫金字塔上的数字“巧合”。

现在我们都知道，由于地球的形状是椭圆形的，因此从地球到太阳的距离也就在1.4624亿千米到1.5136亿千米之间，而人们也将地球与太阳之间的平均距离1.4659亿千米定为一个天文度量单位；如果现在把胡夫金字塔的高度146.59米乘以10亿，其结果不正好是1.4659亿千米吗？事实上，这个数字很难说是出于巧合，因为穿过胡夫金字塔的子午线，正好把地球上的陆地与海洋平分成相等的两半。难道说，埃及人在远古时代就已经能够进行如此精确的天文与地理测量吗？

这只是胡夫金字塔数字巧合中的一点，接下来我们再来看看它到底还有哪些巧合吧！

早在拿破仑大军进入埃及时，法国人就对胡夫金字塔进行过测量，结果发现如果在胡夫金字塔的顶点引出一条正北方向的延长线，那么尼罗河三角洲就会被对等地分为两半。现在，人们如果将那条假想中的线再继续向北延伸到北极，就会看到延长线只偏离北极的极点65千米。要是考虑到北极极点的位置在不断变动这一实际情况，可以想象，很可能当年在建造胡夫金字塔的时候，那条延长线正好与北极极点相重合。

除了这些有关天文地理的数字以外，如果将胡夫金字塔的底面积除以其高度的两倍，得到的商为3.14159，这就是圆周率，它的精确度远远超过希腊人算出的3.1428，与中国的祖冲之算出的圆周率在3.1415926到3.1415927之间相比，几乎是完全一致的。同时，胡夫金字塔内部的直角三角形厅室，各边之比为3∶4∶5，体现出了勾股定理的数值。此外，胡夫金字塔的总质量约为6000万吨，如果乘以1015，正好是地球的质量！

所有的这些数字都是巧合吗？如果仅仅是巧合，怎么会有这么多呢？既然如此，我们又将怎样去解释这一现象呢？或许有人觉得它可能是古代埃及人智慧的结晶，但事实究竟如何呢？我们无法知晓，因为这屹立在尼罗河畔的金字塔早已超出了地球上人们的想象力。

神奇的玛雅金字塔

神奇的玛雅文明留给我们许许多多的未解谜团和无尽遐想，因为对于它的遗迹，我们真的难以找到一个合理而科学的理由去解释。就拿那些高高耸立在墨西哥及尤卡坦半岛上的金字塔来说吧，其规模之宏伟以及构造之精巧不仅可与埃及金字塔媲美，其中更有着许许多多比埃及金字塔更为神奇的地方。

首先，从它们的天文方位来说，在玛雅人所遗留下来的金字塔中，天狼星的光线经过南边墙上的气流通道，可以直射到长眠于上层厅堂中的死者的头部；而北极星的光线经过北边墙上的气流通道，可以直射到下层厅堂。

再说说其建造技术。库库尔坎金字塔是玛雅金字塔中的代表，它的塔基呈四方形，共分9层，由下而上层层堆叠而又逐渐缩小，就像一个玲珑精致而又硕大无比的生日蛋糕。塔的四面共有91级台阶，直达塔顶。四面共364级，再加上塔顶平台，不多不少刚好365级，而这正是一年的天数。9层塔座的阶梯又分为18个部分，这又正好是玛雅历一年的月数。还有就是玛雅人崇信太阳神，他们认为库库尔坎（即带羽毛的蛇）是太阳神的化身。他们在库库尔坎神庙朝北的台阶上精心雕刻了一条带羽毛的蛇，蛇头张口吐舌，形象逼真，蛇身却藏在阶梯的断面上。只有在每年春分和秋分的下午，太阳缓缓西坠，北墙的光照部分棱角层次分明，才能看到那些笔直的线条从上到下交织成波浪形，仿佛一条飞动的巨蟒自天而降，逶迤游走，似飞似腾，这情景往往使玛雅人激动得如痴如狂。

上述的这些现象已足够令人惊奇，而更令人匪夷所思的是，即使在每天的同一时间，用同一设备对金字塔内的同一部位进行 X 射线探测，得到的图形竟都无一相同。这是一批科学家在 1968 年试图探测这些金字塔的内部结构时所发现的。不仅如此，美国人类学家、探险家德奥勃洛维克和记者伐兰汀在对尤卡坦进行考察时，还发现了许多与地道连通的地下洞穴，而这些地道的结构与金字塔内的通道十分相似。他们在发现这一神秘现象后虽然拍摄了九张照片，但是能洗出来的只有一张，而这一张所拍摄到的也只是一片漩涡形的神秘白光。

这究竟是怎么回事呢？这让本来就已经够神秘的玛雅文明变得更为神秘了。

复活节岛上的巨人石像

复活节岛是东太平洋上一座远离其他岛屿的孤岛，由荷兰探险家雅各布·罗格文发现，因为登岛时恰逢复活节，所以他们就将其命名为复活节岛。这座长约 22.5 千米、总体面积约为 117 平方千米的三角形孤岛贫瘠而干旱，中部是风沙横行的沙漠，农作物根本无法生长。岛上也绝少树木，只有杂草。没有供水，没有河流，岛民只能靠挖池塘蓄存雨水度日。除了老鼠，岛上没有其他野生动物。居民既无法种粮，也无法狩猎，只能靠用简陋的木制工具打洞栽种甘薯和甘蔗靠艰难度日。所以，这里的岛民长年累月目所能及的除了大海、太阳、月亮和星星之外，实在是别无他物了。

然而就是这样一个干旱、荒凉、只有少数土著居住的孤岛，却遍布着 1000 多尊巨大无比的巨人石像。这些巨人石像最重的可达 90 吨，最普通的也有二三十吨重。更加令人惊异的是，这些巨大石像还大都顶着巨大的红石帽子。这些帽子小的有 20 来吨，大的能有四五十吨。

这些巨大的石像是谁制造的呢？要制造出这样的石像并不是一项简单的工程，所需的人力以及物力极其浩大。而复活节岛是一个贫瘠的小岛，岛上的粮食最多能勉强维持 2000 人的基本生存需求，怎么能养活制造石像的人呢？他们吃什么？

岛上的巨人石像让我们产生了无数的疑问，也引起了科学家的好奇。自 1914 年以来，科学家们就对复活节岛进行了全面的考察和测绘，并逐一统计了岛上石像的分布情况，希望能够解开这一谜团，可是越来越多令人难以解释的问题出现了。

在离复活节岛 500 米的海面上，有 3 座高达 300 米的小岛，分别叫作莫托伊基、莫托努俟和莫托考考。它们四周是危崖绝壁，任何船只都无法靠近。然而岛民们清楚地记得，原来有几尊巨人石像就高高耸立在这危崖的顶端。法国考古学家马奇埃尔证实，这些石像确已跌入海中，可石像的基座石坛还稳稳地坐落在危崖绝顶之上。

面对这 3 个小岛上的石坛，考古学家只能是目瞪口呆。因为他们知道，别说是在史前的原始社会，就是在现代，除了最先进的直升直降的飞行器，谁也无法把这些巨人石像运到悬崖绝顶。

还有，这些巨人石像是谁造的？第一个到达复活节岛的罗格文在回忆录中写道：当时的岛民有的皮肤为褐色，就颜色的深浅而言与西班牙人相似，但也有肤色较深的人；而另一些人则是白皮肤，也有皮肤显红色的人。岛上只有数百口人，却分为多种肤色，这更加让人觉得不可思议。为什么会有多种肤色呢？难道又是一个巧合？

更令人惊讶的是，复活节岛的居民称自己居住的地方为“世界的肚脐”。对于这种叫法人们一开始并不理解，直到后来航天飞机上的宇航员从高空鸟瞰地球时，才发现这种叫法完全没错——复活节岛孤悬在浩瀚的太平洋上，确实跟一个小小的“肚脐”一模一样。难道古代的岛民也曾从高空俯瞰过自己的岛屿吗？假如确实如此，那又是谁乘坐什么飞行器到的高空呢？如果不是，又为什么会如此巧合呢？

除此之外，考古学家还发现复活节岛的悬崖下有一堆大圆石块，上面刻有许多鸟首人身的浮雕图案，居民们称之为“鸟人”。居民为什么选择这种“鸟人”作为崇拜对象？鸟首隐喻着什么？

总之，科学家、考古学家在试图破解复活节岛的石像之谜时，呈现在他们面前的却是更多的谜团。这所有的一切如此神秘的现象究竟是怎么回事呢？是巧合还是什么呢？恐怕在短时间内，我们很难寻找到一个合理的解释。

古墓雕像酷似美国总统

2003年的某一天，考古学家在埃及一座距今约4000年的墓葬庙宇的墙壁上，惊奇地发现其中的一座代表死神的雕刻画像竟然酷似当时还在执政的美国总统布什。

“如果你看到画像，你一定会为他跟布什如此相似而震惊，因为实在是太相似了，就连神情也不例外。你看到了也许会怀疑自己的眼睛，甚至会怀疑这是不是搞恶作剧的人放在那里的一张照片。可是这不可能，因为它不是一张照片，而确实是远古的雕刻品，跟金字塔一样古老。当然也不可能是你的眼睛花了，因为这座雕像确确实实地存在着。”美国考古学家沃尼在看到这座雕像后，不无感慨地说道。

这座位于尼罗河西岸的古老庙宇是2001年左右才被发现的。据研究考证：该庙宇是埃及黄金时代一位掌管财政的大臣为自己建造的陵墓，墙上所雕刻的与布什酷似的死神画像预示着布什将会成为世界的征服者。如果真的是这样，那就太不可思议了。难道这座庙宇的主人在那个时候就能看到未来？即便是他梦中所梦到的情景，又怎能如此巧合地梦到布什呢？

我们无法得出一个正确的答案，所有的一切都只是猜测。但是，无论如何猜测，那座雕像都真实地矗立在这座古老的庙宇之中，给现代的我们留下一个无法解释的巨大谜团。

盘卧北京城的两条“巨龙”

修建于明永乐年间的北京城是我国历史上明清两朝的皇城，它不仅具有悠久的历史，据说在修建时还严格遵循了我国古代的风水学说。不知道是不是真的如此，还是一种巧合，近年来，科技工作者运用遥感技术从高空拍摄北京城的图像，人们从彩色遥感图上惊奇地发现北京城区竟横卧着两条从南向北横贯全城并且结伴而行的“巨龙”，并且还盘坐着一位“巨人”。

这两条“巨龙”中的一条是由北京的古建筑组成的，可称为“古建筑龙”。它从天安门开始，逶迤延伸直到钟鼓楼，其中天安门是龙嘴，金水桥是颌虬，东西长安街是长髯，太庙、社稷坛是巨大龙头的龙眼，故宫是龙身，景山公园是其隆起部分，钟鼓楼是龙尾，故宫的四个角楼恰似伸向八方的龙爪。

另一条“巨龙”是由北京的水系构成的，可称为“水龙”。这条“水龙”的龙头是形似半圆的南海，中海与北海连成弯曲延伸的龙身，西北方向的什刹海则是一条摇摆着的龙尾。

而“巨人”呢？它则是位于故宫之北、曾为皇家御苑的景山公园的园林图像，这图像酷似一尊闭目盘腿打坐的巨大人像，巍然端坐在那里。

“散步”的岩石

有生命的物体才会走路，可一块毫无生命气息的岩石却会走路，而且走过很多次，路径也相同，难道它长了脚，有了记忆不成？世界上真有这样奇特的石头吗？说来也巧，在印度还真有一块这样的岩石。

在印度北部的一条小河边，有两块圆形的巨大岩石，大的呈人形，小的长有双腿，它们位置相对，昼夜相望，看上去很像一对亲密的恋人，因此也被当地人称为“夫妻岩”。

据村子里的老人讲，他们原本是一对恋人，女的叫玛丽亚，男的叫丘尔特。由于家族反对他们的婚事，他们就双双投河自杀了，因此也就有了这对“夫妻岩”。

1965 年 5 月的一天，牧羊人昆得斯和迫亮发现那块小石头竟然移动到了相距 10 米远的大岩石的北侧。他们马上向村里奔去，村长听后，率领村民到小河边一看，那块小岩石果然已经移到了大岩石的北侧，相距比以前近多了，大家啧啧称奇。

这件事慢慢过去了，大家似乎也有些淡忘了，可是有一天另一件奇怪的事情发生了。

一个月后，两个牧羊人因故经过那条小河，发现原先紧靠在一起的岩石分开了，小的又回到了原地，恢复了原有的姿态。这么一块大石头没有谁能移得动，难道它长脚了，自己会走？是什么力量让它们一段时间相聚，一段时间又分离呢？

他们飞奔回村，又向村长报告了此事，好奇的人们一齐向河边跑去。一位村民惊讶地说："昨天我路过的时候，它们还靠得非常近，怎么一夜之间又相隔得这么远呢？而且又是向着固定的路径移动，真是太不可思议了。"村民们也开始议论纷纷，"夫妻岩"会走的消息不胫而走。当时热恋中的年轻人都把它们当作降临的爱神，每天都去参拜。可是大家一直有一个疑惑，为什么是那块小石头移动，而那块大石头却不走呢？

村里的老人讲，20 多年里石头已经移动 10 次了，都是那小的在动，向北移，隔些日子又以相同的路径返回。

无独有偶，会走的岩石不只这一块。在美国内华达山脉东侧的"死亡谷"里，也有这样一种石头，自己能走路，并且能留下清晰的"足迹"，这引起许多人的好奇和科学家的注意。

科学家们做了种种推测，有的认为是风吹的，有的认为是地磁感应。然而，经过进一步考察研究，这些猜测又被一一推翻。那么，究竟是什么原因让这些石头走路呢？至今，这仍是个未解之谜！

龙山石壁的巨型“佛”字

到北京郊区十渡风景区游玩的人，恐怕都会对龙山岩壁上那个巨大的“佛”字留下深刻的印象。这个天然的巨“佛”字在龙山陡峭的如同刀斧削出来的崖壁之上，高 3 米多，宽约 2 米。暂且不说这个“佛”字是何其巨大，我们看这个“佛”字时，总会有一种奇怪的现象：远远看去字迹十分清晰明了，而走近去看却显得朦朦胧胧；平日里看字迹似有似无，而一场大雨之后字迹却清晰可见。

够奇怪的吧！这陡峭石壁上神奇的“佛”字到底是怎么回事呢？可能有人会认为是古人刻上去的。其实并非如此，它完全是自然造化之功。这个苍劲有力的“佛”字完全是天然形成的，是水沿着岩石的节理裂隙面溶蚀风化后形成的痕迹。龙山的岩石属白云岩，白云岩可被含有二氧化碳的水溶蚀，所以在有裂隙的地方，当有雨水渗入时就发生表面溶蚀。由于裂隙面不平整、不均匀，有的地方溶蚀较重，因此同一岩层面上也有颜色深浅的变化，往往会形成各种花斑及不规则的图案，至于能形成“佛”字形态，那完全是偶然、巧合。

双手腹前交叉的站立石佛

北京的十渡风景区确实是一个神奇的区域，除了上面所说的那个巨大的天然“佛”字之外，在一个距离平峪村数十丈远的深涧之内，还有一座双手腹前交叉自然而立、五官俱全、眉须分明、形象逼真的石佛。这座石佛跟上面龙山的那个“佛”字一样，都是天然形成的。经专家鉴定，这是一块自然奇石，它是由上水石夹杂钟乳石碎块堆积而成的像形石。石人身上长满了青苔，且在嘴下、眉上等凹陷部位生长着少许青草，颇似胡须和长眉，身上的青苔像衣服，头部五官部位是没长青草的裸露部分，由不上水的钟乳石碎块胶结而成，两臂和手也是钟乳石碎块。石人原位于峭壁之下，从石灰岩缝隙中渗出的含碳酸钙的水溶液，因水压减低和温度降低，其中的碳酸钙发生沉淀，在上水石堆积过程中渗进崩落下来的钟乳石碎块。因其形成在阴暗潮湿的地方，故上面长满青苔。它能形成直立人形，完全是各种因素共同作用下的自然巧合，是一个罕见的自然奇观。

四川乐山睡佛成因谜团

四川的乐山睡佛如今是名满世界的旅游景点，人们在四川乐山河滨“福全门”处举目望去，清晰可见仰睡在青衣江畔的巨佛的魁梧身躯。这形态逼真、睡卧在江边的巨佛是由乌尤山、凌云山和龟城山三山联襟构成。

构成佛首的是整座乌尤山，其山石、翠竹、亭阁、寺庙加上山径与绿茵，呈现为巨佛卷卷的头发、饱满的前额、长长的睫毛、平直的鼻梁、微启的双唇、刚毅的下颌，看上去栩栩如生。而佛身则是巍巍的凌云山，有九峰相连，宛如巨佛宽厚的胸脯、浑圆的腰脊和健美的腿胯。至于佛足，则是苍茫的龟城山的一部分，其山峰恰似巨佛翘起的脚板，好似顶天立地的“擎天柱”，显示着巨佛的无穷神力。人们站在“福全门”处观看睡佛，可以欣赏到到它的和谐与自然，其匀称而壮硕的身段、凝重又肃穆的神态令人叹为观止。

乐山睡佛长4000余米，已经可以说是世界奇迹了，但是更令人惊奇的是，举世闻名的乐山大佛恰恰耸立在睡佛的胸脯之上。这尊世界上最高最大的石刻坐佛身高达71米，安坐于睡佛前胸，正应了佛教所谓“心中有佛”、“心即是佛”的禅语，这是否是乐山大佛所暗示的“天机”呢?

据研究乐山大佛文化和文物部门的专家介绍，迄今为止，还没有发现和听说关于乐山大佛的文字记载和民间传说。那么，大佛是纯属山形地貌的巧合吗？但为何佛体全身人工的刀迹斧痕比比皆是呢？如此令人惊叹的自然景观是怎么形成的呢？这一切是自然的杰作，还是人为的佳品呢？这给世人留下一个个难解的谜团。

散发香气的泥土

泥土会散发出香气，并且还会根据气温而变化，这算得上是一件神奇的事吧！在湖南省洞口县山门清水村西北方约 2 千米远的山腰上的一块凹地处，就有这样一个飘散着神秘香气的地方。

这是一个群山环抱、人迹罕至的地方，它的上边是悬崖峭壁，下面是潺潺小溪。第一次发现这块土地飘香的是一位经常到这儿采药的山民，他路经此地时，觉得有一种奇妙的香气扑鼻而来，感到非常好奇。为了寻找香气的源头，他查看了这里所有的花草树木，直到最后他才猛然间意识到，香气其实就来自脚下的土地。

这位山民将这一神奇的事情说出之后，消息立刻四散传开，充满好奇的人纷纷来到这里。他们发现，并非整个洼地都有这种奇特的香气，它的范围在方圆 50 米之内，只要越出这个范围，就再也闻不到香气了。而更令人感到新奇的是，这里的香气还会随气温的变化而变化，如在早晨露水未干时，香气十分浓郁；到了烈日当空的中午，香气则变淡；而在黄昏、阴天或雨后晴天，香气会渐渐变浓。

这股香气到底是从哪儿来的呢？为什么这块土地会发散出这样的香气呢？有关专家在得知这一情况后，经过分析判断，认为这种香气可能是由这里地下所存在的一种微量元素产生的。这一微量元素放射出来同空气接触后，就会形成一种带有香气的特殊气体。是否真的如专家所说的那样呢？或许，还需要进一步考证。

酷似伟人的“毛公山”

在埃及的一座古庙中陈列着许多神的雕像，人们发现有一座死神的雕像跟美国总统布什极其相似。无独有偶，在我国海南省乐东黎族自治县东部保国农场境内的保国山中，其中部突起的花岗岩像极了一代伟人毛泽东。这块神奇的花岗岩高约 630 米，由银白色山石组成，头东脚西，安详仰卧，其头发、额头、眉眼、鼻嘴、中山装衣领、胸腹惟妙惟肖，清晰可见。如果人们站在距离其 500 米外的地方观看，其形象更为生动逼真。由此，人们便亲切地将保国山称为“毛公山”。

说来也巧，除了此山与伟人外貌酷似之外，在毛公山前还有一黎村叫“解放村”，山后有一苗寨叫“东方红”，这两个村子都是 1950 年海南解放时命名的。

形象酷似一代伟人的山貌，加之如此富有纪念意义的村名，使这一奇观又增添了一层神秘的色彩，如此的巧合怎能不令人咋舌呢？

背上刻字的巨龟

在南岳衡山一直以来都流传着一个神奇而美丽的传说，那就是在明末清初每逢僧人传经讲道、早晚功课之时，总会有一只乌龟来到南岳大庙的殿外静静听候，风雨无阻。而就在 2004 年 5 月 6 日下午 3 时，当地一位名叫韩玉保的人在南岳中心景区华严湖中垂钓，竟钓上一只重达 14 千克的巨型老龟。这只老龟不仅体型比一般的脸盆还大，而且更令人感到惊奇的是，龟背上还赫然地刻着“千年神龟”、“夏氏立清代”等字样。

南岳区农林、宣传、文化等部门工作人员在得知这一情况后，迅速赶到了韩玉保家，并通过多方考证，确定这只乌龟的年龄应在千年以上。而至于这只乌龟是怎么来的，背上的字迹是人为刻上去的还是天生的，虽然说法各异，但是大多数人都认为这只神龟就是传说中南岳大庙的听经之龟。因为，华严湖水现在还是环南岳大庙而过，且与南岳大庙的寿涧水相通，乌龟顺水而下，逆水而上，完全印证了“神龟听经”的传说。这真是太神奇了。

这只神奇的大龟现在已在南岳大庙的放生池中安家落户，由南岳大庙管理处派专人看护。

茉莉花爱“唱歌”

一些电视台有《每周一歌》这样的栏目，就是在每个星期的同一时间播放不同的歌曲。或许没有人会想到，在辽宁省辽阳市竟然有一盆茉莉花，就像是电视台的《每周一歌》一样，在每天的同一时刻准时开“唱”。

这盆神奇的茉莉花的主人是该市一位名叫康太玉的老人，老人喜欢养一些花花草草，以此怡情养性、陶冶情操。可是，他家最近却发生了一件奇怪的事：一盆养了 5 年的茉莉花在一个星期前竟然“开口唱歌”了，并且一直持续到现在，令人惊叹不已。康太玉老人说，他养了 10 多年的花，会“唱歌”的花还是头一次遇到。

康太玉老人说，这盆茉莉花是他 5 年前在花市上买的，几年来一直没有什么异常。大约在一个星期前的傍晚，他突然听见一种动听的声音。起初，他以为是虫子在作祟，就在花盆里找，但没有找到虫子，后来才发现是花发出的声音。此后，每天晚上 6 时许，茉莉花都会准时发出动听的声音，一直持续到晚上 8 点半。而且巧的是，每天“唱歌”的时间一直没有改变。另外还有一点很奇特，就是茉莉花在“唱歌”时，不管外界有多大的声音干扰，它都照唱不误；但只要人的手一碰到花叶，茉莉花马上就“闭口无声”了。

《北方晨报》的记者在得知这一情况后，专程前往康太玉老人家，并见到了正在“唱歌”的茉莉花，那是在 2001 年 11 月 12 日晚 7 时许。记者说，茉莉花发出的声音有点像夏夜里野外的阵阵蛙鸣，抑扬顿挫。而当记者试探着碰了一下正在“欢唱”的茉莉花后，声音果然戛然而止。过了一会儿，无人理会的茉莉花又发出了“蛙鸣”。这真是不可思议，难道茉莉花还有感应能力?

茉莉花唱歌这一事情，看来又是一个令人难以解释清楚的谜，抑或是一种奇妙的巧合吧!

会“生孩子”的石头

在我国江苏省苏溧地区有一座山，山清水秀，地下还有温泉，并且离市区很近，是人们休闲度假的好去处。

这座山的山脚下有一个很大的岩洞，里面有一个圆形怪石，呈灰黄色，质地坚硬。从表面上看平凡无奇，但当人们用铁锤轻轻敲击它的背部时，岩石的前面就会滚出一些小岩石，这些小岩石呈圆形，直径大约2厘米，大小一致，颜色和母石相同，成分与母石也完全一样，这些小石头就好像是母石生出来的一样，而当地人也因此管这个母石叫“孕子石”。从此，“孕子石”的名声越来越大，引来了不少观光游客，有很多外地游客慕名而来，有的游客还拜石求子，当时人们都把它当成一种吉祥的象征。

地质工作者说，这种“石头怀子”的现象世界罕见，在中国岩石学上也是首例，历史上更没有这种现象的记载，相关人员正在做进一步的研究和分析。

第二章
梦境预言

梦是奇怪和神秘的，似乎来自在于另一个世界。每个人都会做梦，在梦中，每个人都可以是超级英雄，也可以变成恶魔，没有任何的限制。然而，不管我们的梦境是如何的神奇和有趣，最不可思议的恐怕就是，做过的梦会在某一天在现实生活中如实上演。

一条预先播报的新闻

1883 年 8 月 28 日晚上，美国《波士顿环球报》的新闻编辑爱德华·萨姆逊因整整工作了一天而觉得有些疲惫，便躺在办公室的沙发上休息，没过多久就迷迷糊糊地睡着了。本来睡得香甜的他应该一直到天亮才醒，可萨姆逊却好像被什么折磨着似的，一会儿大声乱叫，一会儿浑身瑟瑟发抖。原来他做了一场可怕的梦，没一会儿便一身冷汗地从噩梦中惊醒。他微微坐起，似乎被刚才的梦惊吓到了，梦境里的凄惨景象使他心有余悸。他站起来走到一张桌子边坐下，想使自己镇定下来，但仍无法赶走脑海中一幕幕梦境的片断，那些可怕的画面让他不寒而栗，他好像掉进了一个万劫不复的深渊，四周死一般的宁静。为了让自己能够镇定下来，他拿出一支香烟，狠狠地吸了几口。冷静下来后，萨姆逊随手拿起桌子上的一支笔，把梦见的情景原原本本写了下来。

他写道，在爪哇不远处，有个叫作帕拉拉普的小岛，一群群土著争先恐后地惨叫着冲向大海，逃避那紧随其后流淌而来的火山熔岩。

他还详细描述了海上如何掀起 15 米高的泥浆浪花，把一些土著无情地吞噬；巨浪如何颠覆了所有的船只。后来，只听一声爆炸的巨响，小岛没入水中，仅留下一个还在喷着火焰的火山口。那个火山口就像一个血盆大口，将周围的一切事物吞噬。

写完后，他在稿子首页的上方信手标上“重要新闻”字样，然后就回家去了。

新闻版主编接班后，在办公桌上看到这篇稿子，以为是萨姆逊头天晚上从无线电广播里抄录的新闻消息，就赶紧把它编入当日的头条新闻，并加上横幅大标题。其他报馆得知消息后纷纷前来联系，要求提供详情。主编还用电报将稿件内容发往纽约，由美联社转发，当即就有好几十家主要报纸以头版版面转载。

这则新闻报道顿时引起各界人士的关注，他们不断要求报馆提供更多的材料和消息，以便能及时有效地报道。《波士顿环球报》对外只好推称灾难发生地点遥远，暂时尚未沟通联系；而在内部，新闻主编则一再提出要萨姆逊设法弄到更多的消息。萨姆逊看事情已一发不可收拾，无奈之余，只好硬着头皮去找发行经理，向他吐露了真情，并一再解释自己并不是有意要杜撰新闻稿骗读者。发行经理听罢大怒，立即下令辞退萨姆逊。萨姆逊虽然被开除了，但是报馆面临的困境仍然无法摆脱。事到如今已无他路可走，于是《波士顿环球报》决定自食其果，向世人公布真相，并且准备忍气吞声充当整个美国新闻界的笑柄。

谁知老天爷这时却出来帮忙解了围。罕见的巨浪汹涌地扑向美国的西海岸；在马来西亚及印度一带，浪涛淹没了成千上万个村庄；澳大利亚也传来消息说北部地区听到了雷声轰鸣的巨大声响。

这一系列的灾难转移了人们的视线，各报馆也把新闻的重点置于采集报道各地的天灾情况方面，而将《波士顿环球报》的“骗局”检讨材料暂时扣下来未发表。不久，一些船只颠簸着驶进印度洋的一些港口，并带来消息说克拉克吐阿岛火山爆发了。

记者们汇集了陆续传来的消息进行分析，证明这座沉睡了200多年的火山在1883年8月27日（萨姆逊做梦的前日）开始活动并且喷发，于次日爆炸成碎片。这座仅9平方千米的小岛被整个儿炸上了天，一堆堆岩石在烟火中被崩得到处乱飞，高度竟达2.7万多米。同时，海面上堆积起约1.5米厚的浮石层，灼热的熔岩注入海中，激起高达22米的浪涛，这浪涛波及8046千米外的西非泰尔布湾时，高度还有0.6米。

萨姆逊的梦境逐一被事实所验证，他很快又被《波士顿环球报》请了回去。

报纸在头版刊登他的照片，称他为世界新闻的“快手”。

萨姆逊关注着克拉克吐阿岛逐日详细的报道，可他不明白，为什么是克拉克吐阿岛而不是他梦中的帕拉拉普岛？

这则新闻很快传到荷兰，荷兰历史学会随后给萨姆逊寄去一份古地图，解开了萨姆逊心中的结。原来克拉克吐阿岛即为帕拉拉普岛，“帕拉拉普”是当地土著用土著语对它的称呼。令人惊奇的是，“帕拉拉普”这个旧名称早在150年前就已废止，知晓这个岛屿旧名的人都已经不在人世了，只有史书上有相关的记载，萨姆逊有如此的梦境真是令人感到费解，这难道又是一种巧合？

可“复制”的梦

如果两个人不约而同做了同一件事情，或许没有什么值得大惊小怪的，因为在这个大千世界，我们每时每刻都可能重复别人做过的事情，只是我们没有意识到而已。但倘若是两个人做了同样的梦呢？恐怕就令人觉得有些不可思议了吧。

在英国就发生过这样一起神奇的事件，讲述这件奇异之事的是英国心灵研究协会名誉理事W.H.沙特。他说：“葛宙森博士（女）在1892年1月26日（星期二）凌晨2点至3点之间，梦见自己站在黑暗森林中一处孤寂的地方，一个好像她熟知的人慢慢走近。那个人摇动身旁的树木，只见树叶变成火焰燃烧起来，一种极大的恐惧感袭上她的心头。由于梦境非常逼真，因此当她四天后遇见梦中的人时，她对他说：‘星期二晚上我做了一个相当怪异的梦。’他立刻说：‘先不要告诉我，让我来描述那个梦，因为我知道我也梦见了与你梦中相同的事情。’这位名叫乔士林的律师这样对博士叙述他的梦：‘我梦见自己在一个我有时会去打猎的寂静树林里，天渐渐黑了，我继续向前走着，忽然发现一个朋友站在离道路3米左右的树丛里。她显然被我所看不见的东西吓住而僵立在那里，失去了知觉。我走到她的身边，摇动着她身旁的树木，掉落的树叶却变成了火焰。’”

梦酿冤案

在这个世界上，最冤枉的人或许并不是中国古典戏曲中的窦娥，而应该是一个叫作斯特文的美国人。1990年夏季的一个夜晚，在美国芝加哥一处住宅中，年轻的洛仪丝和丈夫斯特文都已睡熟。突然，洛仪丝被身边丈夫的惊叫声惊醒，她推了推丈夫，问道：“你怎么了，是不是做噩梦了？”这时是凌晨1点30分，斯特文睁开眼睛，他的头发已被汗水浸湿，表情显得极其恐慌。

他颤声对妻子说：“太可怕了，我梦见一个年轻女子被一个男人殴打致死，死后她还被强暴了。”

第二天傍晚时分，洛仪丝家来了两个陌生警察。他们询问洛仪丝和斯特文是否认识一个叫凯媛的年轻姑娘，夫妇俩回答说不认识。“昨天晚上发生了一起杀人案件，凯媛被害。她的住所离你们家只有30米远。你们没有发现什么可疑的情况吗？”洛仪丝和丈夫都回答说：“没有。”送走警察后，洛仪丝和斯特文四目相对。斯特文梦见的事情怎么真的发生了，而且许多细节还与警察说的那么相似，简直不可思议。沉默了许久，洛仪丝对丈夫说：“你愿不愿意对警察讲讲你的梦？这听起来有些荒唐，但说不定对他们寻找罪犯有用呢？”斯特文觉得妻子说得有道理，决定到警察局走一趟。当天晚上，警察在听了斯特文讲述的梦后说："你的梦说不定真的有助于我们破案。你能不能讲得再详细些？比如罪犯是已婚者吗？"斯特文回答："有可能。"警察又问："你认为罪犯行凶后有无内疚感？"斯特文对这个问题很纳闷，但还是回答了："大概没有吧。"得知警察提出的那些奇怪的问题后，妻子皱起了眉头，说道："他们该不会怀疑你是凶手吧？"斯特文安慰妻子道："不会的。警察也知道，假如我是凶犯，我怎么可能自己主动找上门去对他们说出这件事情呢？"然而，真如妻子洛仪丝所料，警察真的把斯特文当成凶手抓了起来。

1992 年 5 月，法院正式审理斯特文一案。法院当庭播放了斯特文与预审官的谈话录音，但这些对话给人的印象却是斯特文当时并不是在说梦，而是在讲述他的犯罪事实。此外，法庭上下居然还忽视了一个重要的事实：在案发现场取到的指纹及头发与斯特文的都不相符。法官们一味地强调：斯特文了解案件中的很多细节，而这些细节只有凶手本人才会知道。他们不相信这些细节是斯特文所梦到的，世上哪有这么巧的事情？斯特文百口莫辩，任何的解释在他细致的描述下都显得那样苍白无力，最终他被判刑 40 年。

斯特文不停地申诉，他相信只要自己坚持，真理总有一天会站在自己这一边的，事情一定会有水落石出的一天，法院也一定会给自己一个公正的判决。功夫不负苦心人，这件事终于引起芝加哥一家报纸记者的关注。这位记者通过大量的深入调查，认为法院当年在宣判时只注重了细节的证据，而没有进行多方位的思考。面对死者家属的强烈要求—— 一定要严办凶手，法院很有可能发生了误判。这位记者在斯特文的案卷中找到一个突破口：人们在把注意力放在事件的细节上时，却忽略了物证的存在。因为当时斯特文的描述太值得人们怀疑了，所以有一件物证被所有人忽略了，那就是在受害者身边找到的一块手帕，上面沾有精液。经化验，手帕上的精液并不是斯特文的，这足以证明斯特文不是杀人凶手。就这样，被误判入狱的斯特文获得了免罪释放，那年是 1995 年 8 月 17 日。走出监狱大门的斯特文沐浴在久违的阳光下，但他并不为自己做的事情后悔，因为他知道人们会给他一个公正的说法。后来，经过警察署的强力执行，真正的凶手被缉拿归案。连斯特文自己也不明白为什么会做这么奇怪的梦。

甥梦舅死

这件事发生在英国北部一个宁静、与世无争的小岛上，事件的主人公是一位30多岁的女士和她的舅舅，他们的感情非常好。因为这件事在当时太具有神秘色彩而又是真实存在的，所以引起了各界人士的注意。该事件还曾被英国著名的《灵学研究会》会刊刊登，并且作为一个经典的案例来收藏，一时间成为家喻户晓的奇文。

这位女士与她的舅舅住在一起，甥舅感情很好，就像父女一样，彼此无话不谈。有一天，这位女士做了一个奇怪的梦。她梦见在一个风和日丽的春日，自己和妹妹坐在舅舅家靠近阳台的大客厅里。客厅很大，摆设也很整齐，还有一个大鱼缸，里面有十几只金鱼游来游去，甚是欢快；窗外的花园里盛开着鲜艳的花朵，奇异的花香不时地飘进屋里，进入每一个角落，给本来就很温馨的家增添了几抹诗意。然而就是这个美丽如画的世界，此时却出现了一个非常不和谐的现象——花的上面覆盖着一层薄薄的雪。那雪晶莹剔透，白得一尘不染，似乎和她所见过的冬天的雪有些不一样，可究竟是哪里不一样呢？面对这洁白的雪她没了思绪，当时正值春天，正盛开着鲜花，怎么会有雪呢？虽然觉得很奇怪，但一想到这可能是一种自然现象，她也就没有再多想。可后来却发生了比这还让她惊讶的事情，原本健康快乐的舅舅被人发现死于离家5000米外的马路旁。他穿着一件朴素的黑衣服，对了，这件黑衣是他最喜爱的，平时不舍得穿，只有骑马时才穿上。舅舅的脸色已经没有了往日的红润，显得那样的苍白，白得像那盛开的鲜花上的雪，看上去令人不寒而栗。他的马则站在他的身边，好像在静候主人醒来，显得那样虔诚。舅舅的尸体由一辆用两匹马拉的农家马车运回，马车上垫着干草。她和妹妹在家等着运载尸体的马车的到来。似乎过了一个世纪，那辆马车才来到她们的住所，两个男人费了九牛二虎之力才把尸体抬到楼上。这两个护送舅舅尸体的人自己明明认识，可为什么又想不起来了，这位女士感到有些头疼。由于舅舅身高体壮，因此在搬运的过程中尸体的左手垂了下来，上楼时手臂与栏杆撞了一下，这个情景使她感到莫名的恐惧。“啊！舅舅！”这位女士呼喊着从梦中醒来，希望自己的呼喊能将舅舅的魂魄招回来。

第二天早上起床之后，她感到非常不安，就将梦中的情景告诉了舅舅，并恳求他一定答应以后绝不在那条“特殊”的路上单独骑马。舅舅听后，认为是她小孩子做噩梦，虽颇不以为然，但想想是外甥女对自己的关心便答应了。

之后，这位女士对此梦的记忆也逐渐模糊，渐渐淡忘了此事。然而2年后的一天，同样的梦境又出现在她的梦里，那样清晰，那样逼真，仿佛就发生在昨天。这位女士马上找到舅舅，责备舅舅食言，不体谅她的关心。舅舅面对外甥女的询问，只好承认自己偶尔会单独在那条路上骑马，又劝外甥女别多想，什么事都没有发生。就这样又平静地过了4年，女士到了应该出嫁的年龄，因结婚而离开舅舅家迁居伦敦。在伦敦，这位女士生活得幸福而美满，似乎也忘记了梦境里的事。但是有一天深夜，外面狂风乱舞，顷刻之间大雨就下下来了。在这样一个夜晚，她又做了同一个梦。与前两次不同的是，这次是在伦敦她的卧室里，而不是在舅舅家明亮的大客厅里。前来给她报丧的是一位身着黑衣的高个子绅士，她无法看清他的面容，但是凭感觉，她觉得她认识这个报丧的人。那个黑衣男人就站在她的床边告诉她，她的舅舅已经死了，舅舅临死前叫她不要难过，要好好地生活。她在极端痛苦中苏醒过来。因为思念舅舅心切，几天后她便身罹疾患，病卧在榻。她求医生允许她出院去看望舅舅，但是医生没有答应，不过最终还是允许她给舅舅写封短信，问个平安。

女士痊愈后，一直焦急地盼望舅舅的回信，希望能得知舅舅一切平安，希望梦境中的情景都只是虚无缥缈的。可是舅舅一直没有回信，对此她感到非常奇怪。这种焦虑一直持续到一个阴天带有雾气的早上，她的继父匆匆忙忙来找她。他快速走进房间，站在她的床边，全身穿着黑色的衣服，和她的梦境完全一样。一见如此，女士再也控制不住悲伤的情绪，神经质地叫了起来："别说了！一定是舅舅死了。我知道得一清二楚，我已经多次做过这样的梦了，我都告诉过他了，为什么还是发生了呢?"

然而更加让人感到惊奇的是，事后有人对该女士的梦境以及事实进行对比和分析，竟然发现此梦境的细节除了花和雪与现实有所差异外，其他的都一一应验，包括左手碰撞栏杆一事，搬运尸体上楼的也是梦中出现的那两个男人，而花和雪恰好是该女士与她的族人视为死亡象征的东西。

是该女士有着超人的预知能力，还是巧合呢？这无疑又是一个令人感到不解的谜。

救命的梦

一位名叫布莱顿的先生因为预先梦见了自己将要发生的一些危险事情，从而逢凶化吉。

这个梦的原委是这样的。布莱顿先生是一艘游艇的工作人员，一天在没有游客上船的时候，由于工作劳累，他便在停泊着的游艇上睡着了。正当他熟睡的时候，一个非常奇怪的声音大声响起，告诉他尽快离开这艘游艇，因为这艘游艇正处于被撞沉的危险中。听到呼喊的内容后他猛然惊醒，顿了顿神，觉得非常不可思议，认为是自己太劳累所以产生了幻觉。于是他裹了一下上衣，又接着睡去。可是他刚刚睡着，耳边又响起了刚才同样的呼喊声，而且一声响过一声，清晰响亮。他又从睡梦中醒来，对两次相同的梦境，他好像预感到了什么，急忙走上甲板检视一番，以确保万无一失。他发现四周虽然大雾笼罩，但海面仍平静如初，于是便毫不介意地又回去睡觉，但同样的梦境又重新出现。他醒过来，再次走到甲板上察看。当他还在为刚才的梦境感到疑惑时，猛然发现前方不远处一艘巨轮正快速地向游艇驶来！他立刻使出全身的力气向对方呼叫，可能对方也听到了他的呼喊，两船幸运地擦身而过，一切灾难就这样因为一场梦而避免了。

梦中预演大灾难

1996年10月21日上午9点15分，英国的威尔斯大矿山顷刻之间崩塌，这或许是英国有史以来最恐怖的一次大灾难。

巨大的煤堆从山上瞬间滑落，山下的村民们还在自己的土地上快乐地耕作，学校的孩子们还在无忧无虑地玩耍，他们怎么也没有想到，一场灭顶之灾正在悄悄向他们逼近。这是一场劫难，每个人都在劫难逃。转瞬之间，亚伯芬的一个祥和而又宁静的小村庄就被整个掩埋起来。巨大的煤堆就像凶狠的虎豹一般，残忍地压在人们生活繁衍的家园上，当场就造成144人死亡。最让人痛心的是，其中128名是当地小学生，那些活蹦乱跳的孩子被煤堆活活掩埋。这场突如其来的浩劫虽无人能事先预报，但是却真实地出现在人们的梦里。

村里有一位女士，47岁，大家习惯叫她CM太太。在矿灾发生的前一天晚上，她在自家院子里乘凉时迷迷糊糊地睡着了，并且做了一个非常奇怪的梦。她先梦见了村子后面的一座山谷，山谷里有一所非常古老的学校，建筑物的四周是宽大的学生活动时用的操场，操场上有很多孩子在玩耍。突然，她看见学校后面的山坡上有一大堆煤块正向下滑落，速度快得惊人。山脚下一个正在玩耍的留着长发的男孩突然间看到了这可怕的一幕，脸上顿时显露出面对死亡的恐惧。而后这个小男孩被幸运地救走了，救他的是一位戴着黑色尖帽的高个子男人。第二天，CM太太一起床，就将她昨晚奇异的梦告诉邻居以及其他人（有7人证明他们曾听过GM太太的叙述）。特大灾难发生以后，在英国电视台的灾情报道中，人们真的看见了那位戴着黑色尖帽的高个子男人和他救出的那个留着长发的小男孩。而CM太太在看了报道后则惊讶地喊出了声，因为那两个人的长相与她梦境中的完全一样！

更加巧合的是，村子里还有另外一个人做了与此相关的梦。这个人是一位10岁的小女孩，她刚刚过完10岁生日，新学期开学就可以上三年级了，她妈妈还给她买了最漂亮的儿童书包。不幸的是，她在这场灾难中丧生，恶魔般的灾难夺走了她幼小的生命，她还没有来得及背上崭新的书包就永远地离开了人世。可是就在罹难前两个星期的一天早晨，小女孩起床后忽然对母亲说：“妈妈，我不怕死，因为我死后还有小朋友和我一起玩呢！”母亲诧异地问道：“你怎么会想到死呢？你还小得很呢。你要不要棒棒糖？”“不要，”小女孩说，“我会与彼得和琼恩在一起。”

就在灾难降临的前一天晚上，她又对母亲说：“我昨晚做了一个奇怪的梦。”母亲说：“乖宝宝，我现在没有时间，等一下再慢慢告诉我，妈妈有时间慢慢听你讲，好吗?”小女孩说：“不，妈妈，你一定要听我讲完才可以。我梦见我去学校上学，但学校却不见了，有黑黑的东西把它盖住了。”第二天，她像往常一样高高兴兴地去学校，不久就发生了惨剧。在那漆黑的煤堆里，她的妈妈找到了她的尸体，但在悲痛之余却不敢相信自己的眼睛，因为小女孩尸首的一边躺着彼得，另一边躺着琼恩。这些居然和小女孩昨天讲的梦完全相符，面对现实，她的妈妈后悔不已。她本来完全可以救自己的孩子，都怪自己当时大意了，可是谁又能想到一个梦竟会成为现实呢?

美国姑娘预言空难

1974 年 3 月 3 日发生了一起航空事故，土耳其航空公司采用最新技术研发的 DC10 型喷气式客机坠落，机上的乘务员及乘客共 346 人全部死亡，无一幸免。这次空中灾难是历史上最严重的一次事故，没有谁能在事故发生时控制事态并阻止其进一步恶化，包括机长在内的所有人员都只能绝望地等待死亡的降临。

事故发生的第二天，有报道称，早在这次事故发生的前半个月，美国一位名叫肖恩·罗宾斯的女子就对这次事故的发生做了详细预告。可是当时并没有人去相信这个毫无事实依据的预言，大家都没有理会。

那是在同年的 2 月 16 日，在纽约的实验会上，美国姑娘肖恩·罗宾斯好像被催眠了一样，说出一大堆让人无法理解的话，但现在看来这完全就是一个预告。她说：“去伦敦的大型喷气客机坠落……数百人死亡，生还者一个没有……发生时间是 3 月或 5 月……美国外交官夫妇也在遇难者当中……与“T”字有关（英文“土耳其”的首字母）……机种 DC10……”然而，她的预告并没有引起当时有关部门的注意。

巧合的是预言当时全部被录了音，毕竟这事关重大，关系到几百条人命。吃惊的肖恩和她的朋友于 2 月 19 日拜会了 FBI 的纽约分局，向航空值班员提供了录音磁带，并恳请他们采取有效措施，防止事故发生。不幸的是，FBI 并没有这么做，于是就发生了 3 月 3 日肖恩·罗宾斯所预言的空难事故。真的是肖恩有预知的本能，还是巧合？这至今还是一个谜团。

噩梦之警示

阿拉米达是一座位于美国加州旧金山湾区东部的城市，哈罗德是该市阿拉米达医院的院长，由于患者比较多，他已经连续几天没有休息了。此时此刻，医院里所有的医护工作人员都在忙碌地工作，他一个人在办公室里观察前几天来的一位患者的胸片，可能是因为劳累过度，他不知不觉地就睡着了。睡梦中哈罗德不停地说着梦话，脸也在不停地抽动，手时而在空中乱抓，时而在身上拍打，似乎是看到了什么可怕的东西。之后，他突然从椅子上弹跳坐起，额头上沁出了一层汗珠。原来他刚才做了一个非常可怕的梦，梦到 1972 年以后，有架喷气式飞机坠落在阿拉米达医院旁边。当时飞机上有很多人，由于飞机坠落时他们一点准备也没有，因此都受了重伤，等待着医护人员的救援。这个梦实在太奇怪了，他将这个梦讲给办公室里一位医术高超的主任听，谁知道非常巧合的事情发生了，这位主任在前天值班时居然也做了和他相同的梦，梦中的情节完全吻合，当时这位主任怕影响大家的情绪和工作，所以一直没有对别人讲。面对两个相同的梦境，院长似乎预感到了什么。于是，他细心地做了一个非常事态应对训练计划，立即交付全院实行演练。

事实证明他的预感是正确的。1973 年 2 月 7 日，海军的喷气式战斗机在克林顿大街 2071 号离医院不远的公寓区坠落了。事故发生后数分钟，医院组成 6 个外科医疗队立即投入抢救工作。经过努力，最终只有 10 人死亡，40 人受伤。如果不是院长相信预知，抢救便不能及时进行，伤亡人数将大大增加。

一句梦话救爱子

世界上的爱有千万种，其中最无私的非母爱莫属，因为它从不求回报。中国有一句千古流传的诗句叫“儿行千里母担忧”，这就充分地说明了这一点。

在 20 世纪的太平洋战争中，一位深爱着自己儿子的母亲做了一个可怕的梦。她梦见远在太平洋某海岛服役的儿子乔治在帐篷里酣睡，突然一阵狂风骤然而起，将一棵椰子树折断，树干正好砸在帐篷上，帐篷随后轰隆一声倒塌了。

“啊，乔治——危险！”睡梦中的母亲禁不住喊出声来，从噩梦中惊醒。她坐起身来，害怕地回忆起刚才的梦。说来也巧，就在这天夜晚，乔治正在帐篷里酣睡，睡梦中仿佛听到母亲在帐篷外面呼喊，声音是如此的真切，那份急切让他不由得寻声奔了出去。就在乔治走出帐篷没多久，旁边一颗巨大的椰子树真的随风而倒，并且刚好砸到帐篷上，将乔治的床都砸坏了。

魂牵梦萦的爱情

这是发生在20世纪的一件奇异之事，至今还被许多人所津津乐道，并且引起了许多研究神秘学说人士的注意。

这件事情的主人公叫作罗娜，是一位波兰姑娘。她在1918年10月做了一个非常可怕的梦，梦见自己失踪多年的男友史坦尼还活着，并且在一条黑暗的隧道里摸索着向前行进，随后又跪在地上痛哭。男友一向健康阳光，现在怎么如此无助、憔悴呢？更为奇怪的是，这个梦不停地重演，似乎向她暗示着什么。于是，罗娜去了警察局，要求警察帮她寻找她的男朋友—— 一名年轻的波兰军人，他在一场卫国激战中失踪，距今已经整整两年了。面对罗娜说出来的理由，警察感到非常不切实际，因此没有理睬她的要求。

转眼到了1919年夏天，罗娜还是重复做着同样的梦。她在梦中梦到山上有一座古堡，古堡上的塔已经倒塌。她走进废墟时，听见有人呼救，她觉得声音很熟悉，好像在哪里听过一样，是史坦尼的声音！没错，就是他的声音，呼救声是从一大堆石头底下发出的。罗娜想搬开石头，但无济于事，因为石头太重了。罗娜眉头紧锁，怎么也想不出好办法，就在这时，她醒了过来。

一连几个晚上，罗娜都做着同样的梦。她把这件事告诉了妈妈，妈妈又讲给村里的教士听。教士认为这是由于罗娜思念史坦尼，心理上受到压抑而造成的。但是罗娜仍无法忘却梦中的事，梦中的史坦尼向她呼救的声音一直在她耳畔回响。不管是虚幻的梦境还是真实的事实，罗娜都决定要弄个明白，不能让自己深爱的男友处于那种绝望之中。可是要找到这座古堡也不容易，因为欧洲到处都有破败不堪的古堡。

怎么办？同样的梦境一再出现，罗娜的心都碎了。但是，她更加相信男友正处于无助的状态，需要她的救助，所以尽管身无分文，她还是下定决心要找到那座古堡。一路上罗娜备尝艰辛，不断向人们倾诉她的梦，希望有人可以帮她，提供一些线索，可是没有人相信她说的，还把她当成疯子一样驱赶。尽管面临种种困难，但是罗娜并没有放弃。

1920 年 4 月 25 日，罗娜来到了波兰南部的一个小村落。就在走进村庄时，她看到村旁立着一座古堡，而那古堡竟然同她梦中所见到的一模一样！罗娜激动得泪流满面，一下子昏倒在地上。人们很快围了上来，警察走过来询问出了什么事。这时罗娜苏醒过来，看到警察立马指着那古堡说："就是这座古堡。"警察听了觉得奇怪，没错，那里是有一座古堡，可它已有几百年的历史了，这有什么奇怪的？

不管罗娜怎样向人们讲述自己梦中的经历，仍然没有人相信她。可是罗娜坚决要挖掘废墟，于是一批好奇的人就跟着她去了。他们费劲地移开大石块，找到了入口处，整整忙了两天，果真有人听到黑暗中传来微弱的呼救声……史坦尼真的被困在这座百年古堡之中。

史坦尼被救了出来，脸色苍白，衣衫褴褛，由于在黑暗中生活了两年，阳光刺痛了他的双眼。原来在两年前，史坦尼到这座古堡参观，正巧一颗炸弹击中了堡塔，顷刻之间倒塌了的塔把入口封住了。史坦尼一直未能找到出口，仅靠吃军队存在古堡中的几十箱乳酪和米酒来维持生命，还找到几根蜡烛用来照明。他唯一的希望就是祷告，希望罗娜能感应到他的存在。

这并不是什么传说，而是事实，并且已被波兰军方证实。而事情的结果就是史坦尼光荣退伍后，与这位对梦境深信不疑而救了自己的女友喜结良缘，成了一对令人羡慕的夫妻，过上了幸福的生活。

一梦救了睡中儿

著名的心理学学者莱因教授在他的《心灵秘道》一书中曾提到一个预知的梦：一位年轻的妈妈在卧室休息时做了一个可怕的梦。她梦见悬在婴儿床上方的大型吊灯架落了下来，正好将她刚出生的小宝宝压得粉碎。灯架掉的速度好快，她就站在宝宝身边，却没有一点能力去阻止这一切的发生。在梦中，这位母亲还清晰地看到，摆在婴儿衣橱上的时钟指针正好指向 4 点 35 分。同时，窗外伴随着电闪雷鸣，风雨大作，好像在为早逝的婴儿哀鸣一样。

年轻的妈妈从噩梦中惊醒后，立刻叫醒身边熟睡的丈夫，告诉他梦中所见到的恐怖情景。丈夫却笑她操心过度，神经过于紧张，没有理会这件事就翻身继续睡觉了。但她却因为这个噩梦而变得极度不安，回忆起梦境后更是觉得可怕，于是连忙起床将隔壁房间里正在熟睡的婴儿抱到自己床上来。她抬头看看窗外，发现夜空清朗，圆月生辉，并无梦中情景。她想，也许真的是自己神经过敏吧。

就在 2 个小时后，婴儿室突然传来一声巨响，她和丈夫慌忙跑过去看个究竟，发现吊灯架竟坠落在婴儿床上，而且准确地砸在了婴儿睡觉的位置，这位年轻的母亲惊恐间瞥见衣橱上的时钟指针刚好在 4 点 35 分的位置，天啊，这真的是一种巧合吗？而窗外也不知什么时候开始刮起了风，下起了雨。此时，大人卧室里的婴儿正睡得香甜，这真是一梦救了睡中儿。

预知死亡的梦

1979 年初，西班牙饭店经理卡斯塔尔在梦中听到“3 个月后出生的孩子肯定是见不到了”的声音。醒来后，卡斯塔尔一直思索着这个声音，因为妻子已经怀有 6 个月的身孕，所以他对梦中的这个声音很是恐惧。他确信自己将很快死去，因为这个声音是那么清晰。天亮后，卡斯塔尔立即投下了 5 万英镑的生命保险。

之后，卡斯塔尔把这个梦告诉了妻子，妻子说他是因为这段时间太累了，所以才会胡思乱想的。卡斯塔尔温柔地抱着妻子，他怕自己真的快要死去，如果是这样的话，妻子会有多么痛苦呀。

几周后的一天，卡斯塔尔处理完工作后以时速 160 千米的速度驾车回家。途中，对面车道驶来的一辆时速也很快的汽车撞上了护栏，在空中翻了几圈后恰好落在卡斯塔尔的车上，两车司机都当场死亡。

保险公司向卡斯塔尔的妻子支付了 5 万英镑的保险金后说：“按常规，投这样的保险不久后就死亡，公司应进行彻底的调查。但是对于这个令人难以置信的事故，没有置疑的必要。因为只要差零点秒，他就不会死了。”此时，卡斯塔尔的妻子早已哭成泪人。她伤心地说：“原来他真的预知了自己的死亡，这太不可思议了。原来，他是怕他死后我没有经济保障才买下生命保险的。可是，他还是把我一个人扔下了。”

第三章
出其不意

生活中充满了各种不确定的因素，这些偶然就像是一个个神奇的魔术师，给我们的生活带来了许许多多的惊奇，也就是因为如此，生活才充满了诱惑。假如你买彩票中了大奖，你会怎么办？是买栋豪宅，买艘游艇，还是买幅毕加索名画？或许对于大多数的中奖者来说，短暂的惊喜之后，如何享用这笔天降之财才是他们要费脑筋去考虑的问题。

因错投圣诞卡而重逢

一对失散了半个世纪的亲兄弟，相互之间都早已认为对方已不在人世，但谁也没有想到他们还有重逢的一天。让他们在有生之年再次相逢的不是别人，而是一张投递错误的圣诞贺卡。这件好像只能出现在戏剧作品中的事情却在现实生活中如实发生了，不能不令人称奇。

这对亲兄弟分别叫作哈利·赫里凯恩和吉姆·穆尔，他们在 1930 年正处国家动乱的时候一同参了军。刚开始他们很幸运地被一起分到了肯特郡的查塔姆军营，虽然不能天天见面，但总能听到有关对方的消息。但是后来由于组织上的需要，军队把他们俩调去了不同的军营，他们再也没有机会见面，更没有对方的任何消息，就这样分道扬镳，从此杳无音讯。52 年后的 1982 年的一天，一封寄往吉姆老家的圣诞贺卡，竟鬼使神差般地被邮局错夹在另一张寄往新西兰首都惠灵顿给哈利的圣诞贺卡内。哈利收到那张圣诞卡后，觉得贺卡上的地名似曾相识，于是在把那张邮寄错了的圣诞贺卡转寄回去时，顺便在卡上附了一张条子，问对方认不认识吉姆·穆尔这个人。也许真的是老天不愿看到这对饱经风霜的老人在晚年时候还不能与亲人团聚，有意给他们做了一个巧合的安排。那位收信人正是吉姆的邻居，经过邻居的转达，这对失散了 52 年的亲兄弟终于相会了。他们能再次相聚还真得感谢那张邮寄错误的圣诞贺卡！

一场浪漫邂逅

接下来所要说的，绝对是一个令人羡慕的美丽故事。这样浪漫的邂逅也许只有在言情小说中才能看到，但是在现实生活中，它确如实地上演了，而且一点也不比言情小说中描写的情节逊色。

那是发生在1973年10月某日的一个深夜，一部现实版的浪漫爱情故事在一辆从奥地利维也纳开往德国的火车上拉开了序幕。故事的男主人公——美国动画艺术家大卫·埃里克正急匆匆地朝着自己订购的座位方向走去。此刻正值夜色深沉，车厢内空空荡荡的，没有人会打搅你做任何事情，唯一的旅客是一位和自己年纪相仿的单身姑娘。他找到自己的座位正准备坐下，但没有想到的是，这位姑娘却抢先一步坐下了。

“对不起，这是我的座位，请让一让。”大卫很有礼貌地说。

“车上这么多空位子，你爱坐哪个都可以。”姑娘不肯挪窝。

此时的大卫还想据理力争。

“可那都是别人的，这个位子是我的！请你让一让。”大卫并没有因为对方是一位单身姑娘而放弃自己的原则，他很想坐这个位子。

“你是一个疯子！”姑娘对这个较真的人露出了不满的情绪，更是出言不逊。

“你才是个真正的疯子！”此时的大卫也不甘示弱，有点不争个你死我活誓不罢休的架势。

他们互不相让地用德语大吵了起来。也许是为了表示自己绝不会轻易罢休，没有办法的大卫只好坐在了姑娘对面的位子上。他们不再争吵，车厢内也变得安静起来，过了好半天，他俩不约而同地从各自的行囊里掏出食品来吃。接下来的事情就像我们所看的文艺影片一样发展下去：大卫拿出的是大蒜和黑面包，而那位姑娘手上拿的竟也是一模一样的大蒜和黑面包。他俩都觉得很奇怪，彼此的目光再次相遇时，竟不约而同地笑了起来，也许这就是不打不相识吧。

他俩开始友好地攀谈起来，似乎忘却了刚才的不愉快。大卫说自己此行从德国到奥地利是专程去寻找一位名叫伯拉尔奇的教授的，但却因为没有找到而感到十分沮丧。可是没想到的是，那位姑娘听后竟惊讶得大声叫嚷起来：“呀！他一星期前和我妹妹结婚了！现在应该外出旅游了呀！”

后来怎么样，我想大家应该都心中有数了吧，一段美妙的缘份就此开始了。

缘分天注定

据说缘分是上天早就注定了的，很多人都相信这一点，相信男女之间的情感冥冥之中就被安排好了。传说月下老人把整个苹果分成两半抛下人间，然后这许许多多的半个苹果就变成了同样数目的人。当人们逐渐长大以后，就要开始寻找属于自己的另一半，如果找到了，那么从此就能过上幸福美满的生活，因为他们在一起本来就是一个完整的苹果，是最完美的结合。可是大千世界，茫茫人海，哪个才是自己的另一半呢？如果找错了，就不会吻合，两个人之间就会产生很多矛盾，不和谐的音符会伴随他们一辈子。尽管我们对此有所怀疑，但身边所发生的一些事情却总是让我们不得不信，缘分天注定。

有一位在异国他乡流亡的捷克姑娘，在一次非常偶然的机会下认识了一个名叫大卫的美国年轻人。他们以一种礼节性的交往给对方留下了通信地址，从此再也没有见过面，而大卫也没有将此放在心上，离别后随手就将这位姑娘所留的地址丢弃了。直到3个月后的一天，大卫在打扫房间时忽然发现了这个曾被他丢弃的地址，出于礼仪上的动机，他便随手给这位只见过一次面的姑娘写了一封短笺，向她表示问候，而姑娘也很快就回了信。从此之后，他们就你来我往，一直互通书信，并且孕育了一朵跨越国界的爱情花蕾。3个月之后，这对来自不同国家、不同种族的年轻人就结为秦晋之好，从此过上了幸福美满的生活。

飞燕传书

这是发生在我国江苏省丰县首羡镇张庄村的一个令人羡慕的恋爱传奇。之所以称之为传奇，是因为两个年轻人一个在苏北，一个在海南，他们相隔万里，毫不相识，却在一只南飞的燕子的帮助下相知相恋。

故事还得从头讲起，那是1991年9月的一天，秋高气爽，凉风习习，刚刚参加完高考还在等待大学录取通知书的王君独自一人在家里看报纸。这时，报纸右上角的几起“征婚广告”引起了他的浓厚兴趣，正当他想仔细阅读之时，梁上忽然传来了呢喃燕语。正处于婚恋佳龄的王君看到梁上即将南飞的燕子，脑海中泛起了无限遐想：何不借燕为媒，做一次“征婚”呢？当即他便写下了自己的个人情况、征婚要求以及通信地址，并在最后写上“有缘我们可以做夫妻，若无缘也可以做最好的朋友，盼望你的佳音”，随后用薄塑料纸包好系在燕子的腿上。尽管这是自己一厢情愿的浪漫想法，可王君却希望它真的能给自己带来一份惊喜。之后的日子里除了等通知书外，王君还多了一份期待，那就是希望这只南飞的燕子能够将自己的美好愿望传达到一位素不相识的姑娘手中。

既在意料之中又在意料之外，1个多月过去了，王君惊喜地收到了一封来自海南岛的回信。他满怀喜悦地轻轻打开这封信，一张容貌俊俏的姑娘的照片顷刻间展现在眼前，写信的人正是这位名叫宋丽的妙龄少女，家住海南岛市郊区。信中说，燕子是吉祥鸟，燕传佳音，本身就沾了几分吉祥，她表示愿意与王君通信了解。看到信中娟秀的字迹，王君知道，这位美丽的姑娘一定也非常善良，这完全就是上天赐给他的姻缘。于是他一点也不敢怠慢，急忙写了回信，并在信中表达了自己的心声，希望能与姑娘一直保持联系。

此后，王君与宋丽之间的书信来往日渐频繁，苏北海南，情系千里。一段时间过去后，他俩终于建立了深厚的感情。宋丽姑娘表示乐意只身到苏北安家落户，而王君也感到喜从天降。

完美爱情

安东尼奥是一位西班牙人，住在首都马德里市区的一幢普通的别墅里。他长得非常英俊帅气，不仅如此，还拥有一份让人羡慕不已的工作——马德里电视台娱乐节目的金牌主持人，所以追求与崇拜他的人很多。

不过，安东尼奥与影视圈里的其他人有些不一样，他对待感情绝对真诚，从不乱来。他很少与同事出去吃喝玩乐，下班后要么待在单位学习，要么就回家看看书之类的。一句话，他的生活非常的简单。然而，这却让许多崇拜他的人大失所望，因为这样他们就很难与他直接接触。可是也正因为如此，他赢得了自己一直暗自喜爱的一位歌手的爱情，她就是胡亚尼达。只要是看电视和听歌的人，几乎没有不知道胡亚尼达的。

胡亚尼达长期在外出差，所以两人单独在一起的时间不多。可是，这并不妨碍两人感情的迅速升温。终于有一天，安东尼奥在买下了一幢大别墅后就向胡亚尼达求婚了。面对真诚的他，胡亚尼达感动得泪流满面，当即便答应了他的求婚，并且决定婚后要将自己的工作量减少一些，这样对两人的感情也有好处。

1966 年，安东尼奥与胡亚尼达结为恩爱夫妻，羡煞了不少人。那些一直暗恋安东尼奥的女孩们终于放弃了对他的追求，因为她们知道，安东尼奥的心里只有一个人，那就是他的妻子——胡亚尼达。他们的婚礼举办得非常隆重，当地的名流几乎都到场了，这给他们后来的婚姻生活留下了许多美好的回忆。婚后，胡亚尼达真的减少了自己的工作量，在外出差的次数也减少了，挤出了更多的时间来与安东尼奥共度，而安东尼奥对此也非常感动。两年后的 7 月 2 日晚上 7 时，胡亚尼达为安东尼奥生下了一个大胖小子，取名豪亚津，儿子的出生给他们原本就很甜蜜的生活增添了更多欢乐。豪亚津的长相与他的父亲安东尼奥非常相似，简直就是一个翻版，一看便知以后一定和他父亲一样帅气。更为巧合的是，4 年之后，胡亚尼达居然在同月同日同时间生下了长女。这令他们感到非常惊喜，女儿天生一副好歌喉，长得更是像她的妈妈胡亚尼达。令人惊讶的还不止这些，到了 1976 年，第三个孩子又在 7 月 2 日晚上 7 时来到人间，并且依旧是一个健康漂亮的小宝宝，这些惊人的巧合使得他们相信他们的爱情是天注定的。

路边车牌带来彩票大奖

买彩票中大奖，这恐怕是所有人都梦寐以求的吧！人们都希望能够在一夜之间变成巨富，然后做自己想做的事，过上令人羡慕的日子。然而，想买彩票中大奖的人多得举不胜举，但真正能够中奖的却少之又少。或许你不会相信，有些人绞尽脑汁算出中奖号码都不一定能中奖，而有的人只是瞄了一眼路边车牌号买下3注彩票，竟然中得1500万元，这恐怕是做梦都不敢想的事情。家住广州市的冯先生就是这个幸运儿，他一人独得了2004年5月7日开奖的广东体彩“幸运七星”第04052期开出的3注头奖。

5月6日下午，冯先生来到位于海珠区昌岗路146号的体彩销售点，看了一眼路边停放的几辆车的车牌号，随便组合了一组号码“8、9、4、7、0、4、4”，然后就买下三注“幸运七星”。5月8日上午，冯先生和平常一样上班，由于“五一”长假过后的第一天事情太多，一上午很快就过去了，他连每天必看的报纸都没来得及看。中午吃饭时，冯先生路过23149彩票销售网点，他吃惊地发现，“幸运之星”的中奖号码跟自己买了3注的号码“8、9、4、7、0、4、4”一个数也不差。他简直不敢相信自己眼睛，又重新看了一遍，前前后后看了不下十几次，在确认无误后，他兴奋不已地拨通了老婆的电话：“老婆，你马上回来，我中了大奖了！我们发大财啦。”冯太太在电话那头被丈夫说得不是很清楚的话搞得迷迷糊糊的，经过冯先生的详细解释，她才明白过来。什么？1500万？这是一个什么样的数字啊！冯太太简直不敢相信自己的耳朵，激动得连说话都有些颤抖，她急忙挂了电话往家里赶。

5月8日下午3点左右，冯先生夫妇和大哥三人到了体彩中心，下午4点冯先生夫妇领到了1200万元的现金支票。尽管老公中了大奖，可冯太太此刻的心还是平静的。冯太太对这笔意外的财富进行了分配：自己一份，3岁的儿子一份，老公一份；其中自己和儿子的共800万元打算全部存进银行。冯先生对太太的分配感到很满意，夫妇俩也都没想过要辞掉工作，接下来他们会照常上班，照常过日子。

事后冯先生说，世界上的事情很多时候真的很难预料，谁能想到会有这么一个意外的收获呢？这也许只能用“巧合”二字来解释，或者用幸运来解释更恰当吧。谁又能说得清楚呢？

将错就中

同样是在广东省，只不过这次不是在广州而是在东莞。一位来此地出差的先生没有忘记买体育彩票，而当时的体彩销售员打错了一个号，竟误打误撞地让他中得了体彩“36选7”的头等大奖，奖金高达315万元。2004年3月23日，当这位先生第二次来到广东省体彩中心兑奖时，连声说要多谢谢那位粗心的体彩销售员。

这位中奖的先生是广东省中山市人，数日前来到东莞出差，并顺道看望在这里居住的妹妹。3月18日中午，他在妹妹家附近的17244体彩投注站花6元钱买了三注体彩“36选7”，其中一注中得头奖。“这次中奖最应该感谢的是投注站的销售人员！”兑奖时，这位先生透露了一个大秘密，原来他的中选号码本来只中了6个号，但销售人员打票时却将“36”打错成了“35”，这才让他喜得头奖。其实拿到彩票时他就注意到票打错了，但是一向对人宽容的他并没有让销售员重打，而是开心地收下了这张彩票。“如果让人重打一张票，我就只能中 1 万多元的二等奖了!”

这位先生说自己已经买彩 3 年，最喜欢的是足彩，其他彩票只是偶尔买几注，这次中奖纯粹是幸运。为了更好地研究足彩，他前年还专门购买了一台 9000 多元的电脑用来上网做足彩数据分析。可能是因为对中足彩大奖做足了心理准备，所以当他得知自己中了百万大奖后心情十分平静，只是对竟是体彩“36 选 7”让他当上了百万富翁，而不是自己寄予厚望的足彩感到有些意外。

这位先生说，由于这注巨奖是出差的时候中的，因此目前就只有东莞的妹妹知道，他准备“衣锦还乡”时才当面告知中山的家人。他表示，很多家庭都因为突然中奖而出过不好的事情，现在他自己的生活很平静，不想因为中奖而有所影响。他会把奖金先存起来，留着以后慢慢花。

电话投注读错号码中大奖

东莞那位先生是因为销售人员打错了彩票号码而误打误撞成了百万富翁，而接下来要说的廖先生却是在电话投注时，无意中将体彩与福彩的号码掉转了，没想到这一错竟为他带来了巨额大奖。从得知中奖至今，廖先生仍未从喜讯中缓过神来，因为这一切来得太突然了。

2004 年 8 月 18 日中午，买彩票两年多的廖先生竟然念错号码，在向投注站电话投注时竟将福彩与体彩的号码掉转了。傍晚，他郁闷地来到 44070208 投注站取票，站主想起这时已从电脑中接到了第555期南粤风采“36选7”的开奖信息，于是就与廖先生一起对号。一个号对上了、两个号对上了……七个号都对上了！两个大男人当时惊讶得大张着嘴，四目对视不敢相信：这是真的吗？大奖来得如此突然，两人如坠云里雾里，价值500万元的彩票竟然就在眼前！廖先生拿彩票的手顿时感到沉甸甸的。廖先生家住山区，并不知道如何兑奖，只好等见过世面的弟弟从外地回家，陪他到广州办理兑奖手续。“真是运气来了挡也挡不住！”兑奖时，廖先生难掩一脸的兴奋。有点迷信的廖先生神秘地说：“这个投注站早已中过500万元大奖了！我就是冲着这个才在那里买彩票的。”据悉，这个投注站今年运气很好，不到4个月就中了2注500万元巨奖，另外1注500万元是5月2日开奖的中国福利彩票双色球第034期。

8月25日下午，奖主廖先生在弟弟的陪同下来到广东省福彩中心兑奖。廖先生在知道中了500万元的这几天里，一直与老伴商量着如何支配这笔巨款。他们准备留一些作养老金，剩下的用来为家乡做一些善事。

“捡”来的大奖

两位彩民在同一个福彩销售站点买走了两张彩票，这两张票的打印时间仅相差8秒，但竟然不可思议地同时获得了500万大奖！2004年12月1日和12月2日，随着“双色球”第2004108期四川泸州的两个500万大奖得主分别亮相省福彩中心，两张500万中奖彩票的来龙去脉才“真相大白”。

12月1日赶来领奖的陈先生称，他来买彩票时，站点销售人员说：“你要买彩票呀，我手中正好有一张被别人舍弃的彩票，你看你要不要？”一贯喜欢“捡懒”的他说：“是吗？那给我吧。”于是，他便直接从销售人员手中买下了这张彩票。没想到，别人不要的彩票竟然让他中奖了，这个意外之财让他感到非常的惊喜。陈先生说，自己一直坚持买彩票，可是一直没有中过什么奖，更别说大奖了。不过他有一种直觉，认为自己总有一天会中奖，所以他一直在坚持不懈地买彩票，这次的意外惊喜也让他再次坚信了自己的感觉。

12 月 2 日，另一位中奖者王师傅来到成都领奖。当记者问到他中奖的经过时，王师傅说，当期他拿着自己精心选好的几注号码来到站点投注，但当销售人员打出了一张包含 5 注号码的彩票后，他却发现其中的 1 注号码输入有误，于是要求销售人员重新打票。销售人员也没有说什么，就给他重新打了张票。可是谁知道，这期的 500 万大奖就隐藏在这前后两张彩票中，而被王师傅认为错打的这注号码其实并没有影响到 500 万的产生。这使得王师傅自己也觉得意外，同时又有些惋惜。

打错的彩票巧中奖

“双色球”第 04037 期于 2004 年 5 月 13 日开奖。中奖号码为：3、4、11、17、20、26+5。当期全国一等奖 1 注中，单注奖金 500 万元；二等奖中出 36 注，单注奖金 44 万元。海南续写了第 33、36 期的辉煌，再度中出二等奖 2 注，最让人惊讶的是，这 2 注二等奖中出的手法与第 33 期三亚中出 2 注二等奖的手法一模一样，即号码都是由一个人出，中奖人也都是两个。这两位幸运儿分别是林小姐和周先生。

5月14日上午10点半，幸运的林小姐在妈妈、姐姐和姐夫的陪同下来到省福彩中心兑奖，林小姐20刚出头，据妈妈介绍，她刚刚毕业出来工作不久，以前很少买彩票，但近段时间在喜欢买“双色球”的姐姐的影响下，逐渐摆弄起“彩经”，研究起彩票来。“五一”期间，林小姐自己“算”出了一组号码，但由于忘记买了，结果开奖出来中了5个红球。虽然错失了200元的小奖，但她不觉得遗憾，反而倒觉得自己挺有潜力，于是在接下来的这一期信心满怀地研究起来，得出号码后于13日中午到投注站买彩票。

当时买彩票的人很多，轮到林小姐时老板忙中出错，把她的一组自选号码中的一个数字打错了，细心的林小姐在走出站点门口时发现了，便返回售票机前要求老板重新打过，老板给她重打过票后问她：“之前的那张还要不要？”她说不要，老板只好自己把票重新留下了。等到晚上开奖结果出来之后，林小姐发现恰恰是那张打了两次的票中了二等奖！且报上说当期海南中出的2注二等奖出自同一站点，两张票的出票时间前后不到5分钟，由此林小姐“断定”自己之前的那张“错票”也中奖了！

省福彩中心的工作人员分析说，可能是由于当时站点买票的人太多，老板忘记把该票注销了，又或者是老板看这些号码还顺眼，就自己留下了。下午上班后，当工作人员还在谈论会不会是站点老板中奖时，两名三十几岁的男子踏进兑奖大厅要兑奖，大家忙问：“你们是不是站点老板？”两名男子被问得莫名其妙，回答说不是。一问才知其中的一位周先生也是在13日那天到同一站点买的彩票，不过他是下午3点多才去的，在站点甩了200元给老板让机选，就坐下来看报纸，老板打完把票给他后就走人了。

大家觉得可能是站点老板在给周先生打票时觉得反正他是机选，而老板自己又不舍得花钱把票留下，就把那张“错票”一起给他了。周先生就这样稀里糊涂地中了44万。

QQ 号赢体彩特等奖

小王和小吴是一对普普通通的恋人，和世界上大多数恋人一样，他们在一起的日子虽然平淡但也温馨。不过，由于小王是个不折不扣的“彩票迷”，因此作为女朋友的小吴自然又多了一件事——帮经常出差的男朋友买体彩。提到买“6+1”，小吴说起了令自己最难忘的一件事。那是 2003 年 7 月 25 日，男友又被单位派往外地出差，临走时千叮咛万嘱咐让小吴千万别忘了帮他买那期的“6+1”。谁料小吴工作一忙，就把男朋友交代的任务给忘了个一干二净，她怎么也想不到，男友说的号码真中了那期“6+1”的一等奖。事后男友虽然没有埋怨她什么，但她从那次开始，无论有多忙都会抽出时间去帮男友买彩票。

7 月 30 日，小吴像往常一样翻开报纸，查找头天“6+1”开奖的结果，这次的号码是男友灵机一动，根据两人的 QQ 号码组合而来的。“1、5、9、2、3、2、3”，小吴的心不禁一阵猛跳，“不会吧，不会真的中特等奖了吧。”小吴握着报纸的手有点颤抖，仔细看了两遍，确定自己没有把中奖号码看错，又看了看中奖情况，特等奖 3 注，那就是说自己真的中奖了！

小吴立刻拨通了男友的电话：“我们买的彩票中奖了！特等奖哦！”小吴在这边激动得已经接近歇斯底里了，电话那头刚刚出差回来还在“与周公下棋”的小王却怎么也不相信：“上期你没有帮我买彩票我没说你啥子，你也就不要说了！”无论小吴怎么解释，小王仍然不信自己的彩票还能中奖，而且还是连续两期都中奖。小吴干脆把电话一甩，抓起彩票和有开奖公告的报纸，叫了辆出租车直奔小王的住所。看到了彩票和开奖公告，小王才知道自己真的中奖了。

一个小小的 QQ 号码竟然蕴藏着近 200 万的大奖，无论是谁都会认为这是天方夜谭，然而小吴他们却通过 QQ 号一举中了“6+1”数字型电脑体育彩票的特等奖，获得了高达 189.7004 万元的巨额奖金，这不能不说是一个惊人的巧合。

幸运的生日号码

好运来了确实挡不住，2004 年 11 月 2 日晚 6 点，白林先生陪同夫人来到爱家西四环商城。他们径直来到三楼的“百强”展位，在向导购小姐详细了解了此前已看好的茶几和电视柜的有相关情况后，双方签了一份购销合同，合同金额为 5816 元。

前台工作人员告之他们有资格参加商城的抽奖活动，于是白夫人信手从幸运卡盒里抽出一张幸运卡，刮开卡号为 0047663。白林先生脱口而出：“最后的两个号码是我的生年呀。”接着，夫人问前台工作人员哪天开奖。

“11 月 6 日。”工作人员答道。

“啊？是 11 月 6 日？”从白林先生惊讶的表情中可以看出，这个开奖日期对他来说是多么的难以置信。

“没错，11 月 6 日！”工作人员肯定地答复道。

“开奖日是我生日，幸运卡号码最后两位数字是我的生年。真有这种巧合吗？”白林先生感觉非常奇妙，冥冥之中似有一种预感：还会有不可思议的事情发生——自己可能会中奖!

11 月 6 日，白夫人并没有出现在提前 10 多分钟来到西四环商城抽奖现场的白林先生的身边。下午 3 时，抽奖正式开始。

三等奖和二等奖都没有他。一等奖的开奖开始了！“005……”主持人还没有宣读完开出的第一个号码，白林先生就绝望了（一等奖只有一个）。他不由自主地走向楼梯，当脚步移动到楼梯口时，他听到主持人宣布那个号码作废，于是便把迈到台阶上的脚又收了回来。第二个号码开出来了——“004766x”。最后一个数字还没有报出时，王林先生就已经意识到这个一等奖非他莫属了！“0047663”，后面的数字果然是“3”。“在这!”白林先生向主持人高高地举起了手中的合同单。

在当晚白林先生的生日晚宴上，“中奖奇遇”成了夫妻俩与亲属之间津津乐道的话题。

第四章 祸不单行

灾难似乎喜欢结伴而行，很多时侯，当一件灾难发生后，其他灾难也相继而来。那么，事情的发生是否都有一定的规律？如果有，那到底是怎样的一种规律？如果没有，为什么很的时候所发生的一些灾难之间却仿佛有一定的联系？这究竟是一种巧合，还是另有原因？

一年之隔的两次强震

2003年12月26日，伊朗巴姆古城发生了一次强烈的地震。这次突如其来的强烈地震造成至少3万人死亡，是人类历史上空前的灾难，震惊了全世界。而就在一年之后的同一天，也许是因为巧合，可怕的悲剧竟然再次上演。印度尼西亚当地时间2004年12月26日上午7时58分（北京时间26日上午8时58分），印度尼西亚苏门答腊岛附近海域突然发生了强烈的地震。

据一位来自印度尼西亚的目击者记述，地震前天空晴朗，万里无云，一切就像往常一样，没有任何异常的征兆。就在人们沉浸在平静而又祥和的美好生活中时，突然间海面上翻起惊涛骇浪，狂风席卷着巨浪向海边的城市呼啸而来，声势浩大，顷刻之间就冲毁了海边的房屋。在部分地区，海水甚至迅速涨到了人们的胸口处。

印尼地震监测机构最初公布的报告称，这次强烈地震的震级为里氏6.8级，震中位于北纬3.9度，东经95.9度。

然而位于美国科罗拉多州戈尔登的美国地质勘探局公布的监测结果却表明，这次地震的震级为里氏8.7级。数小时后，该机构又对震级进行了更新，将其调高至里氏9.0级。

意大利地震专家恩佐·博齐表示，26日大地震发生后，“整个地球都在震动”。他同时表示，此次地震甚至对于地球的自转运动都产生了一定的干扰。

美国地质勘探局的地质专家朱利斯·马丁内斯说，如此强烈的地震近百年来都十分罕见。这是自1964年美国阿拉斯加发生里氏9.2级地震以来的震级最高的地震，也是自1900年以来震级排名第五的强震。

根据美国地质勘探局网站公布的资料，自1900年以来，世界各国遭遇的最强烈地震是1960年发生在智利的地震，震级达到了里氏9.5级，随后分别是发生在阿拉斯加威廉王子湾（1964年，里氏9.2级）、阿拉斯加安德烈亚诺夫群岛（1957年，里氏9.1级）和俄罗斯堪察加半岛（1952年，里氏9.1级）的大地震。

由于这次强震的震中位于海域，地震本身造成的人员和财产损失相对较小，但是地震引发的海浪高达10米的海啸却给沿岸地区带来了可怕的灾难。

截止到北京时间27日零时，这次罕见的强烈地震及其引起的海啸已经在印度、斯里兰卡、孟加拉国、印度尼西亚、泰国、马来西亚、缅甸和马尔代夫等国造成数千人死亡，受伤和失踪者人数更是惊人。

有目击者对印尼雅加达电台表示，在北部的亚齐省，至少有数百人死于地震和随后引发的海啸。在最高达10米的巨浪的袭击下，当地已有多家商店和小型建筑物倒塌，数千人在惊慌中撤离家园。

斯里兰卡受灾程度最为严重，斯里兰卡国内报道说，从该岛国东部沿海城市亭可马里到位于南部的首都科伦坡，这一段超过800公里的海岸线都遭到海啸巨浪袭击，部分地区的海浪高度超过5米。沿线的旅游胜地遭到严重袭击，其中多数被淹。斯里兰卡北部的穆图尔和亭可马里的部分地区也遭到袭击。

在印度泰米尔纳德邦，迷人的海滩受到海啸袭击后简直就变成了露天停尸场，海浪卷着尸体冲向岸边，将尸体留在了沙滩上，惨不忍睹。

据印度内政部长帕蒂尔公布的数据，该国南部已经有至少2016人在海啸和洪水中丧生。帕蒂尔说，在该国受灾最为严重的泰米尔纳德邦，已经有700—800人死亡。在另一个灾情严重的安得拉邦，死亡人数也达到了200人左右。此外，在喀拉拉邦和其他地区，也都有数十人罹难。

海啸形成的巨浪像一头猛兽迅速扑向泰国南部地区，泰国著名的旅游地普吉、攀牙和甲米府都未能幸免，其中又以普吉岛受灾情况最为严重。当时的统计数字表明，海啸在泰国造成至少310人死亡，超过1900人受伤，死伤者中包括多名外国游客。

时任马来西亚副总理兼国防部长纳吉布召开新闻发布会说，位于马来西亚西北的槟榔屿州和吉打州受灾情况最为严重，共有42人被巨浪夺走性命，其中包括多名外国人。

地震引起的巨浪还袭击了印度洋珊瑚岛国马尔代夫，首都马累大部分地区被海水淹没。马尔代夫全国33万人口中的1／3居住的马累岛2／3地区被淹，部分地区水深达12米。

通古斯大爆炸与广岛废墟

1908年6月30日凌晨，俄国西伯利亚森林的通古斯河畔突然爆发出一声巨响，巨大的蘑菇云瞬间腾空而起，天空出现了强烈的白光，气温灼热烤人，爆炸中心区的草木都被烧焦，70千米以外的人也被严重灼伤，还有人被突如其来的巨大声响震聋了耳朵。这次爆炸不仅令附近居民惊恐万状，而且其影响巨大，甚至波及了其他国家：英国伦敦市的许多电灯骤然熄灭，人们处于一片黑暗之中；欧洲许多国家的人们在夜空中看到了白昼般的闪光；甚至连远在大洋彼岸的美国人民也似乎感觉到了大地在擅动……

当时俄国的沙皇统治正处在风雨飘摇之中，无力对此事进行调查，人们也只能笼统地把这次爆炸称为“通古斯大爆炸”。十月革命后，苏维埃政权于1921年派物理学家库利克率领考察队前往通古斯地区考察，不过他们也没有找到引起爆炸的真正原因。库利克随后又两次率队前去考察，并进行了空中勘测，发现爆炸所造成的破坏面积达 2 万多平方千米。同时人们还发现了许多更加奇怪的现象，如爆炸中心的树木并未全部倒下，只是树叶被烧焦了；爆炸地区的树木生长速度加快；其年轮宽度由 0.4—2 毫米增加到 5 毫米以上；爆炸地区的驯鹿都得了一种奇怪的皮肤病等等。不久第二次世界大战爆发了，库利克投笔从戎，在反法西斯战争中献出了宝贵的生命。至此，苏联对通古斯大爆炸的考察也被迫中止了。

第二次世界大战结束后，苏联物理学家卡萨耶夫于 1945 年 12 月访问日本。他来到 4 个月前被美国投下原子弹的广岛，看着广岛的废墟，他突然想起了通古斯大爆炸，因为两者有着众多的相似之处：爆炸中心受破坏，树木直立而没有倒下；爆炸中人畜死亡，是核辐射烧伤造成的；爆炸产生的蘑菇云形状相同，只是通古斯的要大得多。特别是从通古斯拍到的那些枯树林立、枝干烧焦的照片来看，两者的情形十分相似。为什么会如此巧合呢？卡萨耶夫产生了一个大胆的想法：他认为通古斯大爆炸是一艘外星人驾驶的核动力宇宙飞船在降落过程中发生故障而引起的一场核爆炸。

此论一出，立即在苏联科学界引起了强烈反应。大家议论纷纷，各持观点。直到今天，通古斯大爆炸与广岛废墟的神秘巧合仍是一个未解之谜。

西班牙“3·11”与美国“9·11”

2004 年 3 月 11 日，西班牙马德里发生连环爆炸案，这天恰好与 2001 年美国纽约“9·11”恐怖袭击相隔整整 911 天，以至于不少西班牙人因此将这一天称作

“西班牙的‘9·11’”。“3·11”与“9·11”正好相隔911天，是纯属巧合，还是幕后凶手有意识的安排？

西班牙国家电台13日报道，西班牙马德里恐怖爆炸事件的死亡人数已上升至200人，而第199名遇难者是一名出生才7个月的波兰女婴。

这名7个月大的女婴叫帕特里卡，11日爆炸发生后，救援人员在埃尔·波佐火车站的站台上发现了受伤的她，但她的父母却不在身边。12日下午，帕特里卡在马德里市中心儿童大学的儿童耶稣医院死去，成为马德里爆炸案的第199名遇难者。她的父母都是波兰人，他们来到马德里就是想让小帕特里卡有一个更好的未来。如今，小帕特里卡再也看不到未来了，她的父亲或许也看不到了，因为直到午夜人们仍无法找到她的父亲，而她的母亲仍在靠生命维持机支撑着。

当时德国《焦点》周刊援引了德国联邦刑侦局的消息报道说，西班牙民族分裂组织“埃塔”曾经在致德国旅游机构的信中发出过袭击警告，该组织在信中明确宣布，袭击行动将会发生在“旅游行业”。此前的2月4日，德国科隆一家旅游企业首先收到了“埃塔”发出的警告信。两天后，德国TUI集团位于汉诺威的办事处也收到了内容相同的警告信。

全球三座城市短时间内相继遇袭

2004年10月7日晚7时至次日凌晨5时，伊拉克首都巴格达、阿富汗首都喀布尔和法国首都巴黎相继遭到了不同程度的恐怖袭击，这难道是巧合吗？

首先遭到恐怖主义袭击的是伊拉克首都巴格达，当地时间10月7日晚7时，位于市中心的喜来登酒店遭到武装人员袭击。两枚火箭弹落在了酒店附近，随后从邻近的底格里斯河和美国驻伊拉克大使馆附近传来激烈的枪声。据附近巴勒斯坦饭店的警卫人员说，枪声持续了10分钟左右，美军基地附近也有枪声传来。

紧接着是阿富汗，当地时间10月8日凌晨1点半左右，两枚火箭弹落在美驻阿使馆附近。第一枚火箭弹击中了使馆区大选媒体登记站附近的一处停车场，距美国使馆二三百米，所幸没有造成人员伤亡。

而发生在巴黎的恐怖袭击则是在当地的时间10月8日清晨，一枚装有自动引爆装置的中等型号的炸弹在巴黎的印度尼西亚大使馆前面爆炸，造成10人不同程度地受伤，伤者中包括5名使馆人员。这枚炸弹被安置在使馆前不远处，并用旗子掩盖着。剧烈的爆炸在现场留下一个大坑，方圆30米内的一些建筑物的玻璃被震碎。

近年来，俄罗斯发生的系列恐怖事件，西班牙“3·11”大爆炸以及印尼、沙特、摩洛哥、土耳其等国发生的多起惨案均疑与“基地”组织有关，而像上述的三座城市短时间内相继遭遇恐怖袭击恐怕也不仅仅是一种巧合那么简单吧？

“哥伦比亚”和“挑战者”航天飞机的爆炸巧合

2003年2月1日，美国“哥伦比亚”号航天飞机在高空分裂解体，导致7人死亡。这一震惊世界的意外事件立刻令人联想到17年前相差不到几天，刚刚升空没多久就爆炸的“挑战者”号的悲剧。比较发现，两者有着惊人的相似之处。媒体认为，这些巧合简直连小说也杜撰不出来。

纽约1010频道“天天赢”电台报道说，“哥伦比亚”号这次升空特地挑选了

“挑战者”号升空周年的这一时间，用意就是纪念那组航天员。“挑战者”号的7名航天员来自美国各族群并拥有不同肤色，而“哥伦比亚”号的7名航天员也具有不同的种族背景，其中包括一名出生于印度的美国人以及以色列第一位航天员。并且，两架航天飞机搭载的7名航天员中都是5男2女。

其他令人惊奇的“巧合”包括：载着以色列空军上校拉蒙的“哥伦比亚”号航天飞机在得州东部一个叫作巴勒斯坦的城市上空爆炸解体。拉蒙是第一位出任太空任务的以色列人，但并非第一位出任太空任务的犹太人，在他之前已有犹太人雷丝尼克参与过1986年的“挑战者”号太空任务。然而，“挑战者”号升空后爆炸，雷丝尼克也不幸丧命。这两名犹太人先后罹难，实在是耐人寻味。

1986年1月28日，“挑战者”号升空爆炸后，美国总统里根曾说，在冒险扩大人类活动领域的过程中，这类痛苦事件在所难免，可是“未来不属于怯懦者，未来属于勇者”。

“挑战者”号事故之后美国航天飞机计划停顿了两三年，之后又继续执行。布什也称，在对这次悲剧彻底检讨之后，航天飞机计划仍将继续，“但愿上帝继续保佑美国”。

世界上遭遇车祸最多的人

你或许不信，一个年仅59岁的男子到目前为止总计遭遇了多达127次包括坠机和撞车在内的重大交通事故，平均算起来每年达到2.1次。这个倒霉的家伙是一名名叫内尔的英国男了，有5个孩子，是一名建筑业经理。

他的第一次车祸是在他17岁时发生的。当时他正在考驾驶执照，不料手中的换挡杆突然脱落，汽车像脱缰的野马一般横冲直撞，最终猛地撞到一堵墙上才停住，现场考官吓得目瞪口呆。他印象中最恐怖的事故发生在2002年2月，当时他正在乌克兰工作，在短短的3天时间里，就发生了3次交通事故。第一天，他乘坐的飞机坠落在一片野外的雪地上，幸好他本人只受了一点轻伤。第二天，他乘坐汽车去办事，结果汽车在冰面上失去控制，猛地撞上了一棵大树，车上所有乘客都受了伤，唯独他毫发未损。第三天，内尔决定亲自开一辆崭新的马自达汽车出门。然而，当他在一个汽车维修站加油时，一辆乌克兰司机开的大卡车从后面狠狠地撞上了他的汽车。由于冲力过大，他的马自达汽车一头栽进了路边阴沟。

他的“最高车祸纪录”是在1969年，当时在短短8个小时内，他竟出了3次车祸。内尔说，当天早上8点，他正开车前去上班，突然一辆摩托车从后面猛地撞向他的汽车尾部，那名摩托车手因巨大的惯性从他的汽车顶部飞过，落地后当场死亡。由于心烦意乱，半小时之后，内尔第二次与人撞车，幸好这次未造成伤亡。当天下午4点在他下班回家的路上，第三次车祸发生了——另一辆摩托车鬼使神差地再次撞上了内尔的汽车。

内尔如今和妻子瓦莱丽居住在英国哈尔地区，开一辆银色菲斯特汽车。2004年12月8日，内尔刚刚经历了平生第127次交通事故——由于一时疏忽，他的汽车掉进了一个宽的洞中，汽车前灯被撞坏。不过，内尔仍然是大难不死，没有生命危险。这真是一件不可思议的事情，也许真的是巧合吧。

内尔在谈到自己的这些遭遇时说，由于工作关系，他去过世界许多地方，但不管是在国内还是在国外，厄运就仿佛幽灵一般跟随着他。

得罪雷电的人

梅杰·萨默福德这辈子不知道是不是得罪了闪电，闪电一直阴魂不散地跟随着他，并且给他带来一次又一次的厄运，即使在他死后都不能幸免。

1918 年 2 月，梅杰·萨默福德在战斗中从马上摔下来致使腰部以下瘫痪，原因是当时一道闪电使他的马受惊。6 年后的一天，当他坐在河边一棵树下钓鱼时，一道闪电击中了那棵树，倒下的大树压住了他的身躯，最终使他左半身瘫痪。又是一个 6 年后，他在公园又被一道闪电击中，造成全身瘫痪。再 6 年后，也就是他死去的 4 年后，一道闪电击中了他的坟墓，致使他的墓碑被毁。

第五章
孪生异闻

孪生子本来就很少见，所以发生在他们身上的一些趣事也常常成为人们热议的话题，而某些情况的巧合更是让我们感到好奇和不解。双胞胎的亲生父亲竟然不同，这个“等式”成立吗？这里面到底有着怎样的离奇故事呢？医学权威揭开了谜团。

失散多年的孪生姐妹经历如同一人

这件事情发生在1939年，一对芬兰夫妇的双胞胎女儿在伦敦医院出生，然而没过多久妹妹巴贝拉就由在这家医院工作的一位妇女收养了，姐姐戴弗里则被送到了另一户住在伦敦北部的人家。妹妹巴贝拉的养父是市政园林处的园丁，在她10岁那年养父母双双去世，无依无靠的巴贝拉继由一位护士照管她的生活起居。姐姐戴弗里的养父是一位科学家，曾经为沃克斯豪汽车公司服务，后来在美国陆军汽车总公司任职。尽管两姐妹的家境和教育有相当大的差别，但她俩却都爱读同一个作者的著作，经专家考核证明，两人所掌握的词汇量也不分上下。两人具有相同的幽默感，都非常爱笑，都喜欢英国广播公司播放的商业节目。

彼此非常陌生的姐妹俩虽然分别生活在两个毫无联系、相距480千米的家庭，但却有着相同的人生经历和思想。她俩就连上下楼的姿势都出奇的一致，都有紧紧抓住楼梯扶手的习惯，而这还都是因为她们在15岁那年发生了相同的事故，从梯子上摔了下来，并且都只跌伤了脚踝，别处没有受伤。她们在16岁那年分别在各自居住的城市的舞厅里结识了自己现在的丈夫，更加巧合的是，这两个不曾相识的男人后来居然都在地方政府供职。20岁时姐妹俩不约而同地在教堂里举行了盛大的婚礼，后来两人都有早产的经历，所生儿女也均为两个男孩、一个女孩。两个人在相同的日子里为自己买了同样的裙子和鞋子，在同一天的相同时间买了同样的一本书。通过电话了解到，她俩还在同一天的午餐时间做了相同的菜，而且都是依照各自在10个月前从同一期杂志上剪下来的菜谱做的。两人曾经在同一天向美国的同一家杂志社写信，询问有关打扮穿戴的同一问题，而且她俩均不知对方写过相同的信。她们小时候在学校的一次运动会上都曾伤到过小指，且因为没有治愈，最终两个人都不能打字。

除此之外，两人还有许许多多我们意想不到的相同之处，这些相同之处体现在两人的志趣与爱好上。例如：两个人从小都爱喝一种凉且无糖的黑咖啡，而且都喜爱在饭后喝；都爱吃一种进口的巧克力，还有边吃巧克力边听轻音乐的习惯；都爱喝一种浓度很高的叫作利久的酒；都害怕登高而且都容易迷失方向，分不清东西南北，出门经常要带上地图，以便查看路线；都喜爱穿蓝色的衣服。两人均为贤妻良母，对待丈夫和孩子的方式一样，对金钱所持有的态度也丝毫不差、完全一致。更令人感到惊奇的是，在当地新闻界的大力帮助下，离散了近 40 年的亲姐妹相见了，她们相遇在伦敦国王十字火车站一个很宽敞的会客厅内。她们相会时，在场的所有人都惊呆了：两个人穿着同样的粉红色衣服，头发不约而同地染成了赤褐色；她们都手拎一个相同的帆布面的小花包，包上绣有相同的图案，是一只深蓝色的帆船；小花包里化妆品的品牌也出奇的相同，都是当时最盛行的品牌。最有趣的是，她们连吃饭的姿势都惊人的相同，因为她们都是左撇子，此外还都喜爱辛辣食物。

在一对近 40 年没有见过一次面的姐妹身上发生上述这些巧合之事，即使她们是双胞胎，也属于罕见之事了吧。

孪生姐妹的婴儿酷似双胞胎

下面所要讲述的是发生在英国一对双胞胎姐妹身上的事。这对双胞胎姐妹分别叫作积茜和姬茨，出生在英国一个非常普通的工人家庭之中，父母紧靠每月那点微薄的工资来养育她们。姐妹俩一天天长大，父母逐渐发现她们是一对非常与众不同的双胞胎，因为好多无法解释的奇怪事情经常在她们身上发生，这还得从她们出生说起。

姐妹俩自出生后就几乎形影不离，她们在当地同一所学校上学，在同一间教室上课，就连每次考试得的分数都是一样的，而且更加巧合的是，她们连错的题目都完全一样，难道她们不但长得相似，就连思维也都一模一样吗？此外，她们还在同一时间生病，而且经常生一样的病，因为她们所喜爱的食物和生活习惯都完全一样。她们在同一年结婚，而让人感到更为惊奇的是，两个人的丈夫竟然同样都是健身房的教练。类似的相似之处还有很多，但这对孪生姐妹却不以为奇，唯独有一件事她们至今仍感到奇怪。这件奇特的事并不是发生在她们自己身上，而是发生在她们都刚出生的女儿身上。

这两名英国双胞胎妇女在同一天住进了谢菲尔德的北方总医院，积茜在次日凌晨 5 时 58 分产下了重 3.4 千克的女儿卡拉，姬茨也在同一时间产下了相同重量的女儿艾米。这两个新出生的婴儿看上去一模一样，没有谁能看出她们的区别，就连作为母亲的姐妹俩也分辨不出其中的不同，唯一能让医院的医护人员有办法区别的就是挂在她们身上的姓名卡片。这个能迅速区分艾米和卡拉的办法一直被她们的父母所使用，因为就连他们有时也会弄混自己的亲生女儿和外甥女。这就是生命中的神秘巧合，这样奇妙的相似之处令人们不得不惊叹和信服。

孪生兄弟的复制人生

出生在美国的约翰·斯普林格尔与约翰·刘易斯是一对孪生兄弟，他们的母亲是一个单身女子，因为疯狂地爱上了他们的父亲，所以执意要生下本不应该出生的孩子。孩子出生后，那位父亲就再也没有出现过。可是她并不恨他，因为这是她自己的选择，所以她也没有什么可说的。然而，她的经济状况却使她不得不把自己心爱的一对双胞胎送给别人，这令得她非常伤心。为了让兄弟俩长大后能够相认，她在他们的脖子上都挂了一块一模一样的玉。这两块玉是她妈妈传给她的，说是家里的传家宝。就这样，约翰·斯普林格尔与约翰·刘易斯在出生后尚未满月就“各奔东西”。谁也想不到的是，在事隔 39 年之后，这对自小分离的孪生兄弟却因为一个偶然的机会相见。他们在聊天时，发现对方竟然是自己的孪生兄弟，于是高兴地拥抱在一起。

他们一起到酒吧里喝酒聊着这么些年来各自的经历。约翰·斯普林格尔说：“刚开始我与一个叫琳达的女人结了婚。可是，我们两个人的性格差别太大，根本无法一起生活，于是我们只好分手了。分手后，我们仍然保持着联系。后来，我遇到了贝茜，也就是我现在的妻子。她非常好，我很爱她，我们生活得很幸福。”

在约翰·斯普林格尔叙述自己的结婚经历时，约翰·刘易斯的眼睛睁得大大的。约翰·斯普林格尔感到不解，便问：“你怎么啦？为什么表现得如此惊讶？难道有什么不对吗？”

约翰·刘易斯吃惊地说：“天啊，这太不可思议了。我的前妻也叫琳达，我们也是因为性格不合而分手的。后来，我们也还保持着联系。而且，我现在的妻子也叫贝茜，我们的生活也非常的美满。”

约翰·斯普林格尔也难掩惊讶之情，说道：“天啊，这的确是太巧合了。我现在已经有两个孩子了，大儿子叫詹姆斯·阿伦……”

“你说什么？你的大儿子叫詹姆斯·阿伦？天啊，我的大儿子也叫詹姆斯·阿伦。为了这么多的相同，我们干杯。”兄弟俩高兴地干起杯来。

他们在深入交往后又发现了另外两个相同点：他们都有一辆同一型号的湖蓝色高级宝马轿车，还有一只名叫“伊”的法国名犬。真是太不可思议了！

不孕妇女怀四胞胎

达娜·卡尔森结婚已经4年多了，快35岁的她一直想要个孩子，但始终没能成功。后来，卡尔森太太终于怀孕了，但令人惊奇的是，她居然怀上了4个孩子，而且其中两个是人工授精怀上的，另外两个孩子是自然怀孕怀上的。

多年来一直没能怀孕的达娜·卡尔森在自己34岁那年的春天决定和丈夫一起去求助医学专家。美国斯坦福大学的妇产专家们对夫妇俩采取了人工授精法，他们取了卡尔森先生的精子和卡尔森太太的卵子在试管中受精，然后把两个受精卵置入卡尔森太太的子宫中，两个受精卵居然都成功地着床了。

肚子里的宝宝一天天长大，达娜按医生的吩咐去做超声波检查，可是让医生大吃一惊的是他们居然在达娜的子宫中发现了4个胎儿！他们一直认为只能发现两个，因为他们清楚地记得只给达娜放置了两个受精卵。医生后来发现，就在他们取出达娜的卵子进行试管授精的那一天，她也自然怀孕了。

斯坦福大学的妇科医学和产科学副教授阿明·米尔基博士说，在从达娜体内采卵的那一天，躲在她输卵管里达5天之久的一个精子与她的一个卵子结合了，而那个卵子也是采卵进行试管授精过程中的一个“漏网之鱼”，之后这个以自然方式成功结合的受精卵裂变成两个，发育成了两个胎儿，加上人工授精的两个胎儿，达娜最后怀了4个。

在谈到达娜好几年没有怀孕为什么偏偏那一天又怀孕了时，米尔基博士说那是因为凡是接受人工授精的妇女都必须提前一段时间服用促进生育的药物，这使得达娜体内的雌激素水平上升，从而为精子与卵子的结合创造了很好的条件。

采卵5天后，也就是说在达娜不知不觉怀孕了5天后，医生又把两个受精卵置入到她的子宫中，完成了人工授精的过程。当然，医生当时并没有意识到达娜已经怀孕。米尔基博士感叹道：“真是不可思议，4个胎儿居然都成活了，而且都非常健康，这种概率真是百万分之一。”

达娜住了6个星期的院后终于生下了4个健康的婴儿。

在说起达娜的这件事时，替她做人工授精手术的米尔基博士仍是感叹不已。他说，卡尔森一家的事是少有的，而且也是美好的，因为毕竟有了一个幸福的结局，要知道怀4胞胎的孕妇中有一半多要提前10周生孩子，而且还伴随着许多并发症，但达娜居然万事大吉。卡尔森夫妇激动地说，尽管没有那样期望过，但一下子成了一个大家庭仍让他们感到幸福。

怀孕22周产下六胞胎

31岁的伊达利娜·桑托斯是一名来自马德拉岛的普通妇女，有一个8岁大的儿子。几年前，她曾怀有三胞胎，但由于怀孕并发症，最终不幸流产了。但令人意想不到的是，就在她再次受孕的22周后，桑托斯顺利地生下了6个子女。这是2002年2月10日发生在葡萄牙首都里斯本一家妇产医院的事情。

此次生产前，医生曾建议桑托斯说："你不如进行流产手术，只保留两个胎儿，以便他们出生后能更好地存活下来。因为生6个胎儿有很大的危险性，能不能顺利生产，胎儿生下后能不能存活，都是一个未知数。"但桑托斯拒绝了这一建议，她说："不，我不会做流产手术，我要让自己的6个孩子都能顺利地出生。如果做流产手术只保留两个胎儿的话，我以后肯定会后悔的，会非常伤心，我不能这么做。"

幸运的是，这六个小家伙还是顺利地来到了人世，他们（三男三女）中体重最轻的仅为408克，最重的为563克。然而，头48小时对小家伙们来说至关重要。全球各地曾有大约100名妇女生过六胞胎，但6个孩子最终都能活下来的还不多见，医生说这就要看小家伙们的运气了。不过，看现状应该是不会有什么问题的，因为这6个小家伙现在状态良好。

孩子们虽然顺利地出生了，但对桑托斯来说，如何养活这些孩子还是个大问题，因为她丈夫只是个木匠，月收入只有350—400欧元，而她本人又是家庭主妇。不过桑托斯表示，无论如何她都会让自己的孩子们健健康康地成长。她说尽管目前经济条件不好，但她相信一切都会好起来的。

两美国家庭收养中国孪生兄弟

美国亚利桑那州的罗斯·维尼克拉森夫妇领养了一名现年 3 岁的中国小男孩西卫，而阿拉巴马州的朱塔·沃尔特夫妇也领养了一名 3 岁的中国男孩陶陶。在此之前他们两家毫无瓜葛，互不认识。

日前，这两个家庭通过互联网相互认识，而这也是一件非常偶然的事情。因为聊得来，所以他们经常交流各自的生活。就这样，随着网上交谈的深入，这两个家庭吃惊地发现，他们都是从中国领养了孩子，而孩子的年龄也都相同。这两名孩子是同一天遭遗弃的，他们的上腭也都有先天性腭裂。

这些共同特征引起了两个领养家庭的浓厚兴趣，莫非他们是一对孪生兄弟？天下竟有如此巧合的事情？为了弄清楚真相，这两个孩子的养母相互交换了孩子的照片。从照片上看，这两个小家伙竟像是从同一个模子里刻出来的。

接着，他们对孩子进行了 DNA 检测，结果表明这对幼小的孩子在血红细胞遗传上具有 98%的相似性。这个意外的巧合让两个家庭吃惊不已，他们都感叹道："这个世界真的是太巧合了。如果不是从网上认识，这两个小孩也许一辈子都不可能认识，也不可能知道自己还有一个孪生兄弟。"

之后不久，思亲心切的陶陶和养母沃尔特便乘飞机从阿拉巴马州前往亚利桑那州。在异国机场，西卫和陶陶终于团聚了。

妹妹猝亡，姐姐厌世

2000 年 9 月 28 日中午，台北市发生一起双胞胎妹妹猝死、姐姐闻讯也出现求生意志薄弱的奇事。这是一对关系非常好的孪生姐妹，两人在母亲眼中就像是一个人一样。打小开始姐妹俩就一起上学，一起下课，甚至一起喜欢上了她们英俊的班主任。她们俩喜欢穿一模一样的衣服，做一样的发型，穿一样的鞋子，这使得父母有时候也经常犯糊涂，分不清究竟哪个是姐姐，哪个是妹妹。不过，她们长大结婚后就没有再住一起了，只不过有时候会相约一起回家，看看父母。

这天中午，孪生姐妹刚好在父母的家里，她们在原来住过的屋子里一起玩耍、聊天。突然，姐姐发现身体不好的妹妹口吐白沫、眼神涣散，便赶紧叫来父母送她去医院。可是因为没来得及，妹妹最终不治身亡。当父亲告诉姐姐妹妹已经死了后，姐姐突然就眼神呆滞，并且不再说话了。她的父母害怕极了，便把姐姐也送进了医院。

精神科医师在分析这件事的时候说，双胞胎之一若猝死，另一方常常会产生厌世的念头。尤其是同卵双胞胎，基因和生长环境都一样，情感连接也比一般兄弟姐妹强，因此常常会出现“感同身受”的情况。

形影不离的孪生姐妹

同卵孪生的兄弟姐妹往往有着许多令人难以解释清楚的相似之处，而相似性最大的，恐怕要属英国约克郡的一对孪生姐妹。

这对孪生姐妹的相貌、性格、思维、行动和爱好完全一样。她们都长得非常漂亮，有着一头金黄色的头发、一双大大的眼睛，对待事情都比较执着，并且连爱情观和人生观都几乎一模一样。

对待外界事物，她们总是异口同声地表达自己的感情，而且连声调都一样。她们走路时手脚的动作相同，说话时打手势以及手所指的方向也一致。她们如此相似，甚至连父母也经常弄不清楚到底谁是姐姐，谁是妹妹。

如果有人想把这对孪生姐妹分开，她们会不自觉地哭个不停。她们无论做什么事情都要在一起，一起上学，一起下课，一起出去玩耍。她们几乎没有一个人独处的时候，因为她们都不希望一个人单独活动。

为了使她们能习惯各自分开活动，她们的父母跑了许多医院，但是无论怎么努力都无济于事。

更有趣的是，这对孪生姐妹有一天一起坐出租车，司机长得非常帅气，于是她们便同时喜欢上了他，并且事后还经常与这个司机约会。这个司机也没有说自己究竟喜欢哪一个，就这样与她们姐妹俩同时交往着。时间一天天地过去了，这个司机到后来自己也不知道该如何处理这件事情，因为姐妹俩都疯狂地爱着自己。为了避免麻烦，这个司机与别人结了婚，可是姐妹俩经常尾随他，有一次竟躺在这位司机的汽车前面以示“抗议”。

神奇的孪生心灵感应

我们听说过许许多多有关于孪生子的故事，而这些故事大抵上给我们带来同一种感觉，那就是孪生子之间好像有着特殊的感应。下面就是一些发生在孪生子身上的似乎存在心灵感应的奇特事件。

鲁思·格罗费和南希·格罗费是弗吉尼亚州的一对孪生姐妹。鲁思·格罗费说起了她与妹妹之间的一则有趣的故事："我和我的孪生妹妹年轻时都在纽约州奈亚克中学读书。有一次我们一起参加考试，有六个考题可供选择。监考人从这张桌子走到那张桌子，观察着每个考生的情况。当我交上考卷时，监考人请我留下，给我看了她在南希的考卷末尾写的几行字：'南希和鲁思分开坐在本教室的对角位置。她们选择了相同的考题，并且几乎每句话、每个字都写得一样，我们推测她俩是孪生姐妹。'看完这段文字后，我对监考人员点了点头，离开了考场。"

还有这样一对孪生姐妹，妹妹正在腹疼的时候，有人告诉她，她的孪生姐姐因阑尾炎而住进了医院。她和母亲赶到医院时，姐姐已被送到手术室，她们只得在外面等候。等了好久还不见人出来，母亲便说："手术应该快结束了吧!"而双胞胎的妹妹却说："不，妈妈，我能感到医生割阑尾和缝合刀口的时刻，现在医生刚刚开始手术。"果然如此，后来医生证实，手术的时间推迟了。

另一位住在洛杉矶的妇女，她的同卵双胞胎妹妹因飞机坠毁而身亡，恰恰就在那时，她突然感到全身发热、剧痛，眼前漆黑一片，并且从那时开始心神不安，之后不久就传来了这个噩耗。

47 岁的奥斯卡和杰克是一对出生在特立民达岛的双胞胎兄弟，父亲是犹太人，母亲是德国人。出生后不久，奥斯卡就由母亲带到德国抚养，并且成为一个天主教徒；而杰克则由父亲按照犹太人的习俗抚养，住在加勒比海一带，目前移居美国。两兄弟的工作、生活和家庭状况都完全不同，可是当他们阔别 40 年第一次见面时，却带着相同的眼镜，穿着同一类型的衣服，留着同样的胡子。他们在接受一组问题测验时，也显示出同样的态度和习惯。

布莱吉特和乐丝是一对现年 39 岁、英国籍的同卵双胞胎姐妹。她们失散于第二次世界大战，直到最近才初次见面。两人都带了 7 个戒指，其中一个手腕戴了一个手镯，另一个戴了两个手镯。她们其中一个人的儿子名叫理查·安德鲁，另一个人的儿子则叫安德鲁·理查。而她们的女儿，一个名叫凯瑟琳·露易丝，另一个则叫卡伦·露易丝。唯一不同的是，姐妹俩中生活在贫穷家庭里的那一个有着一口坏牙。

迪拉和斯特拉是美国印第安纳州的一对双胞胎。有一天，迪拉去参加狂欢节，斯特拉留在家里熨衣服。斯特拉不小心被熨斗烫了手，而后她忽然感到一阵恐惧，恶心地直想吐，预感将有不幸的事情发生。斯特拉立即奔向正在举行狂欢节的公园，看到很多人围在一架已经倒塌的滑车前。抬头望去，有个座舱在架子上晃来晃去，眼看就要断开，可怕极了，而上面坐着的正是她的姐姐迪拉。当抢险队赶到把姐姐救下来时，姐姐跑过来看也没有看就问妹妹："怎么又把手烫了？你什么时候才能学会使用熨斗呢！"

有一对自小分居、寄养两地的双胞胎兄弟，哥哥在上海，弟弟在无锡农村。有趣的是，1981 年某天傍晚，两人都在当地感到心中有一种莫名其妙的气恼情绪，结果都与他人吵嘴。从此一个人在市区同人怄气时，在乡下的那个就会心里懊丧难受；在乡下的弟弟感到有人要作弄他时，城里的那个哥哥也会闭门不出，免得受人欺负。

女婴腹中寄生双胞胎

本来怀上了三胞胎，但出生前其中两个胚胎却被他们的同胞姐妹包入腹中，这样的怪事让家住南山村的黄太太遇上了。她刚出生2个月的女儿腹胀如鼓，后经过手术，医生竟然从该女婴腹中取出了两个已经成形的胚胎。专家介绍，像这样被同胞胎儿包住的寄生胎十分罕见，概率为百万分之一。目前，该女婴各项身体指标都很平稳，医生说再过几天就可以出院，以后的生活也不会受到影响。

包住自己“兄弟姐妹”的女婴叫小慧，刚出生60多天。黄太太说，她和丈夫住在南山村，自从知道自己怀孕后，一家人都非常开心。小慧出生后，他们百般呵护，可40天后，她突然发现小慧的肚子渐渐鼓起，而且越胀越大，20天内肚子就胀得像个小西瓜。他们感到不对劲，便带着小慧去惠州做检查，结果医生说是肿瘤。

惊慌的黄太太和丈夫把小慧带到了市儿童医院，外二科主任王涛经过检查，发现小慧腹中竟是极其罕见的寄生胎。王涛介绍，寄生胎属于连体婴中非常罕见的一种，原来共存于母体中的三胞胎，在胚胎时期，其中一个或两个被另一个包进体内，被包后这两个胚胎就不可能发育成真正意义上的生命。“这种概率是百万分之一。”王涛说，他从医20多年，在全国各地的医院工作过，可从来没见过这种病例，在深圳也是首例。

王涛说，经过检查，小慧腹中的寄生胎已经非常大了，重量占了她体重的1／7，把腹腔内的肝脏、肾脏等脏器压迫得像白纸一样薄，“如果再不医治，小慧很可能性命不保”。后来经过数小时的手术，医生成功地从小慧体内取出一对已经成形的双胞胎。

失散孪生姐妹爱上同一个他

一对墨西哥裔的同卵双胞胎姐妹出生后不久，便因母亲的经济原因而被不同的美国养父母收养，从此天各一方。姐妹俩一天天地成长，可是因为收养家庭刻意隐瞒，她们一直都不知道自己的身世。好在她们都过得非常好，养父母一直把她们当作自己的亲生女儿对待。巧合的是，两个收养家庭竟都居住在美国纽约附近，只不过相互之间并不认识。然而令人难以置信的是，这对双胞胎姐妹长大后竟先后认识了同一个男朋友！姐妹俩都非常爱自己的男朋友，当然她们是不知道对方的情况的。不过，这名男朋友是先与这对姐妹中的姐姐分手后才认识妹妹的，而且是在一次非常偶然的情况下认识的。

这名男朋友认识了这对姐妹中的妹妹后，惊讶于自己前后两个女友的惊人相似。他告诉妹妹也就是现在的女朋友说："你知道吗？我以前的女朋友跟你长得几乎一模一样。你相信吗？你们甚至连说话的语气、走路的姿态、穿衣的风格都非常相似。你们难道是姐妹吗？"女朋友表示不相信有这么巧合的事情。这名男朋友决定要证明给她看，于是经过他的安排，这对双胞胎姐妹终于相见了。相见之后，经过深入的了解与调查，她们发现两人真的是姐妹，而且是孪生姐妹！就这样，这对双胞胎姐妹在分离 20 年后，终于奇迹般地再次走到了一起！

同母异父的双胞胎

有这么一对双胞胎姐妹，可她们却同母异父，够令人感到惊奇的吧！这到底是怎么回事呢？恐怕大家都很想知道。

这对姐妹分别叫玛利亚·埃琳娜和弗朗西斯科·哈比尔，可爱的两姐妹现在与母亲在一起。最近，她们的母亲因前男友拒绝给孩子生活费，而将这名一直被认为是两个女婴的亲生父亲的男子告上法庭。法庭让她们的母亲先在智利做亲子鉴定，结果却出人意料。鉴定结果显示，玛利亚·埃琳娜确实是这名男子的女儿，而她的妹妹弗朗西斯科·哈比尔却不是。

孩子的母亲矢口否认："这不可能，这两个孩子都是他的，他应该给两个孩子生活费，一定是哪里弄错了。"后来她又在欧洲国家做了 3 次亲子鉴定，但都得到了同样的结果。

之后，玛利亚·埃琳娜的父亲恢复了给孩子的生活费，但只给一个孩子。玛利亚·埃琳娜的父亲说："玛利亚·埃琳娜确实是我的孩子，可是另外一个女孩就不是了。我不可能给两个人生活费。"

科学家认为，显然这名妇女曾经在很短的一段期间内与两名男子发生性关系，这两名男子各有一个精子与卵细胞相遇，使其受精，然后受精卵分裂形成罕见的同母异父双胞胎。只是这种情况发生的概率很低，专家估计为百万分之一。科学家说这是一个奇迹的巧合，令人难以相信，可是又必须相信。

同生共死的孪生兄弟

双胞胎肯定是同年同月同日生的，这毫无疑问但同年同月同日死的却并不多见。在芬兰就有这么一对双胞胎兄弟，他们先后于同日同地死于两起车祸。

据芬兰警方透露，这对不幸的双胞胎兄弟生于1931年，一个住在帕蒂约基，另一个住在拉海，两地距离仅有2—3千米。这两起车祸均发生在芬兰首都赫尔辛基市北方约600千米的拉阿镇。孪生兄弟中的一人骑自行车通过马路时，没注意到一辆卡车正朝他驶来，由于卡车来不及刹车，他被当场撞倒在地。出事时正刮着暴风雪，能见度很低，交通警察赶到时他已经停止了呼吸。

两小时后，孪生兄弟中的另一人骑自行车外出，当时天气已经转晴，但路面仍很滑。他在距离兄弟死亡地点南边一千多米的地方穿越同一条马路时，正巧一辆汽车通过，而他没有看到汽车后面还有一辆卡车，所以也被撞倒了。当交通警察赶到时，他早已经停止了呼吸。当时，警察还感到非常的奇怪，因为这两个人长得太像了，简直认不出是两个人，后经过调查才知道是孪生兄弟俩。

当地一警察表示，第二起车祸的丧生者不可能知道孪生兄弟遇难的事情，因为警方直到第二起车祸发生前不多久才辨认出第一起车祸的死者身份。这个警察慨叹道，这样的双胞胎兄弟还真少见，不但同日同地生，而且同日同地死。难道真的是命中注定的吗？这谁又能解释得清呢？

孪生兄弟撰写相同医学论文

罗伯·盖伊阿和罗伯·加罗迪是一对孪生兄弟，他们是法国人。从孩提时代起，他们就分居于法国的南北两端，因为他们的父母在他们3岁时就因为一方有外遇而离婚了。父母离婚后，他们就再也没有见过面。

罗伯·盖伊阿和罗伯·加罗迪是长大了之后，才各自从一些非常秘密的信件里知道自己还有一个孪生兄弟的。可是，当他们问起现在的父母时，父母却都表示说已经多年没有联系，不知道对方现在究竟在哪里。后来，他们在各自的调查下，终于相互联系上了。

不可思议的是，他们成年后都不约而同地矢志于医学，两人对医学的痴迷都让同学们感到惊讶。他们以优秀的成绩从医学院毕业后，分别在昂鲁和尼姆的两家医疗机关就业。

不久，罗伯·盖伊阿和罗伯·加罗迪兄弟两人灵感来临，各自写下了一篇题为《精神治疗之研究》的文章。完成后，两人又不约而同地修改了一番。他们觉得这篇文章写得还不错，于是找到法国《大众健康》杂志的地址，于同一天将文章投给了这家杂志社。

当编辑部的人员收到这两篇文章的时候，他们都惊呆了。两篇文章的内容、段落安排以及措辞造句，甚至连标点都是惊人的一致，这可使编辑部的工作人员满腹疑团了："到底谁才是剽窃者呢？怎么会如此相同呢？而且从邮戳上看，他们是在同一天把这篇文章寄出来的。这真是太不可思议了。"

当编辑部的人员知道他们俩是一对双胞胎后，更加惊讶了。他们只能将此解释为：这纯属一次天衣无缝的巧合。

妈妈与两对双胞胎同天生日

2004 年 8 月 13 日，一位自己就是双胞胎之一的妈妈又生下两对双胞胎，这种连说起来都十分拗口的事情发生在美国人贾娜·莫里斯身上。而更加令人称奇的是，这天刚好是莫里斯 34 岁生日。如今，母亲、母亲的同胞姐妹和两对新生双胞胎都有了同一个生日，这真是一个意外的奇迹。

帮助她顺产两对双胞胎的美国宾夕法尼亚州兰可诺医院的医生说，莫里斯产下的两对同卵双胞胎，一对是男孩，一对是女孩，母子 5 人均平安。

自己就是双胞胎之一的莫里斯说："这个'生'日对我来说实在是太特别了，我太高兴了。这是一个多么意外的奇迹与巧合呀，我的 4 个宝宝竟然与我同一天生日，我真是太幸福了。我的宝宝们都很健康。"莫里斯的幸福洋溢在脸上，连生产的疲累都忘记了。

助产医生安德鲁·格尔森说，这种情况在 100 万组四胞胎中才会出现一次。也就是说，这是一个奇迹中的奇迹。不过事实上，这一"奇迹"也掺杂了"人工成分"。此前已经有一个 2 岁儿子的莫里斯今年 1 月接受了胚胎移植手术。为确保"万无一失"，医生当时往莫里斯的子宫内一次性植入了两个胚胎细胞，没想到结果竟出奇的成功。4 个宝宝早产两个多月，每个体重都在 0.9—1.4 千克之间。尽管他们出生时还得依靠呼吸机辅助呼吸，但医生们预计他们会健康成长。

医生说，发生这种情况的概率为百万分之一。

印度孪生姐妹感情深

在印度有这么一对孪生姐妹，她们不仅在同一天结婚，并且在活到 114 岁时于同一天去世，这个巧合在当地成为一段佳话。

这对孪生姐妹分别分别叫卡利和巴图利，出生于印度中部西耶市，两人从小就感情深厚。姐妹俩不但长得一模一样，就连兴趣爱好也几乎相同。两人都喜欢穿绿色的衣服，都喜欢跳舞等等。巧合的是，她们同时爱上了各自的男友，又同时与男友谈婚论嫁。而且，她们在同一天分别嫁入两个家庭，从此分开生活。不过，因为她们俩感情十分要好，所以两个家庭之间经常来往，好得就像一家人。

不幸的是，她们的丈夫相继因病去世。卡利知道妹妹的丈夫也去世后，就对妹妹说："妹妹呀，你的丈夫现在也去世了，不如我们就在一起住吧，这样也好有个照应呀。"于是，两人又住在了一起，共度余生。

转眼间，卡利和巴图利都已是百岁老人。有一天，卡利突然感觉身体不舒服，家人赶紧把她送往医院。可是不幸的是，医生在经过简单的检查后，遗憾地对她的家人说："对不起，她已经停止呼吸了。请你们节哀。"家人顿时哭作一团。

不知巴图利是否和卡利心有灵犀，她也差不多在同一时间在家中寿终正寝，两姐妹享年 114 岁。

卡利和巴图利的后人知道她们姐妹情深，于是决定将她们合葬，令两人永不分离。

孪生姐妹同日产下双胞胎

2004 年 12 月 14 日，在美国佐治亚州的一家医院，一件令人不可思议的事情发生了。一对孪生姐妹分别生下了一对活泼可爱的双胞胎兄弟，而前后只差了一个小时。

据报道，阿诗丽·史宾克斯和安德莉亚·史普林格是一对美丽迷人的孪生姐妹，他们长得几乎一模一样，经常让亲朋好友认错人，而两人更是好得像一个人。令人不可思议的是，这对孪生姐妹生活在一个奇特的双胞胎家庭，她们的父母和男友都有双胞胎兄弟或姐妹。2004 年初，这对幸福美满的孪生姐妹结了婚，不久又几乎同时怀上了孩子。当怀胎 6 个月时，她们两人分别去医院进行体检。通过 B 超发现，她们腹中的胎儿竟然都是双胞胎，而且都是两个男孩。更凑巧的是，她们两人的预产期也都是 2005 年 1 月 1 日。消息传出后，她们的家人都喜出望外。预产期几周前，姐姐阿诗丽从印第安纳波利斯来到了佐治亚州，与自己的孪生妹妹安德莉亚居住在一起，翘首祈盼两对双胞胎的降生。经过商量之后，姐妹俩决定选择同一天在同一家医院进行剖腹产。

12 月 14 日，在家人的陪伴下，这对孪生姐妹来到了佐治亚州的南方医院进行剖腹产。进入产房没多久，两对活泼可爱的双胞胎兄弟就呱呱落地，前后只差了一个小时。看着这四个手舞足蹈的小家伙，姐妹俩露出了幸福的笑容。

当天，阿诗丽的丈夫伯特·米恩斯千里迢迢赶到了佐治亚州。米恩斯说：“我做梦也没想到她们姐妹俩竟然同时生下一对双胞胎，而且都是清一色的儿子，这简直是一个奇迹！”据米恩斯透露，他们家有生双胞胎的历史，而且从来没有使用药物或其他方式进行人工授孕，所有双胞胎都是自然形成的。

在谈及这一事件时，美国妇产科专家拉里·松本说，这种情况十分罕见，双胞胎姐妹同日生下双胞胎的概率大约是百万分之一，而都是儿子的概率则更小。

两对被错换的孪生姐妹

1985 年 9 月 3 日，在拉丁美洲的波多黎各大学附属医院，两对双胞胎相隔几小时分别诞生。由于这两对都是女孩子，而且双方母亲的姓又相同，因此发生了错换婴儿的不幸事件。

两对双胞胎的母亲一位叫作罗兹拉·赫鲁楠迪斯，另一位叫作杜珞斯·赫鲁楠迪斯，虽然她们俩的姓相同，可是并没有亲戚关系。罗兹拉给双胞胎姐妹取名为莎曼沙和杰妮华，而杜珞斯的两个女儿则名为泰丽和玛丽。可是在住院期间，莎曼沙不知什么时候开始被护士搞错，竟和泰丽调换并被交给了对方的妈妈。

这场错换婴儿的悲剧以几个偶然的巧合为开端，造成两家人的苦恼和不安，幸亏最后通过一次戏剧性的偶遇，迎来可喜的大团圆。那时两对双胞胎已经一岁半多了，杜珞斯的妹妹格洛利亚因身体不适，到波多黎各首都圣胡安市内某医院看病，恰巧罗兹拉也带着双胞胎女孩到这个医院看病。真是“无巧不成书”，格洛利亚在候诊室候诊的时候看到罗兹拉迎面走过来，她从来没有和罗兹拉见过面，可当她看到罗兹拉带来的两个孩子时，却不觉惊叫一声，因为其中一个和姐姐杜珞斯的女儿玛丽长得一模一样。大眼睛、宽而凸出的额头，就连看人的神情也一样等等，反正一切的一切都像是和玛丽一个模子刻出来似的。格洛利亚顾不得冒昧，主动靠近罗兹拉，向她问好聊天，然后故意把话题引到孩子们的身上，从而了解到这两个女孩是双胞胎，并且和自己姐姐的双胞胎女儿同一天在同一个医院出生。格洛利亚有意谈到双胞胎姐妹为何不相似，这时罗兹拉才慢吞吞地说出她自己也为此想不通，甚至由于过分烦恼而彻夜不眠。格洛利亚于是把姐姐杜珞斯也有“同病相怜”的详情告诉罗兹拉，并同她互换了住址和电话号码。后来，两家人确定了院方错换婴儿的事实，终于认回了各自的女儿。

经过多次商讨，两个家庭决定在圣胡安市租下一座房屋，共同生活在一起，这样四个孩子就能彼此不分、和睦相处，而莎曼沙和泰丽也能逐渐熟悉自己的亲生母亲，慢慢习惯更改后的名字。经过双方家长的种种努力，被错换的两个孩子终于在两岁生日的那一天，回到了各自生身母亲的怀抱中。

第六章

无妄之福

有句话叫作拥有幸运就拥有了一切。有些事情我们好像无法真正解释清楚，因为它太过神奇和不可思议，完全超出了我们的想象。幸运可以存在于偶然的一件事内，也可以发生在一系列的连锁事件中。对于幸运的解释，我们往往只能称之为“神奇的巧合”。

127 次被死神拒之门外的老人

人们常说猫有九条命，死上几回也没有关系，因为还有剩余的命可以继续用。虽然这只是句俗话，不能信以为真，但可以肯定的是，人与猫不同，人只有一条珍贵的命，失去了就再也没有生还的能力了。然而在波兰有一位神奇的老太太，她的命似乎比猫还多上几倍。提起巴巴拉·罗雅这位年过半百的老太太，在波兰可以说是无人不知无人不晓，因为当时她是波兰最富有传奇色彩的风云人物，她经历了很多非同寻常、令人吃惊而又恐惧的事情。她一生经历了两次飞机失事、四次火车相撞，还遭遇过沉船事件，但每次都能死里逃生、化险为夷，她也因此上了国际新闻，一时间成了焦点人物。因为在人们看来，无论是在空中还是陆地又或者是汪洋的海面上，任何一个事故都能轻而易举地要了她的命，但是她都能安然无事，这简直就是一个奇迹。

从巴巴拉·罗雅幼年时起，灾难似乎就和她较上了劲，下面就是她伴随着灾难的成长经历。那是在她两岁的时侯，家中的大人由于工作都外出了，只有她一个人在家。可能是好奇心使然吧，巴巴拉一个人爬到五楼的窗子上，而意外就这样发生了。她从五楼的窗子上掉了下来，巧的是刚好掉在一堆纸板上，竟然毫发未伤。巴巴拉十岁那年，一次在上学的路上穿越马路时，正好一个胖男人骑车而过，她没来得及躲闪，于是两个人相撞了。结果巴巴拉没有事，而胖男人却摔断胳膊住进了医院。类似的事情还有很多，无论是遇到阳台断裂这样相对小的事故，还是火车相撞等大灾难，她都安然无恙。

上述这些事情我们每一个人可能只要摊上一次就一命呜呼了，所以为证实这些故事的真实性，巴巴拉还保留着有关她的剪报和目击者证词。根据这些资料的记载，她一生中127次与死神擦肩而过，可以说是人间奇迹。波兰一些著名的科学家和星象学家都到她的家中进行实地研究，与她的父母及兄弟姐妹进行详谈，希望能从他们那里获得一些有关巴巴拉的有价值的线索，因为这些神奇的事情不是随随便便就能发生在我们周围的。但遗憾的是，他们没能找到合适的理由来解释巴巴拉的特殊经历。因此当地就有人怀疑巴巴拉是天神下凡，有神体护身，是老天在处处保护她，才幸免于难的，但是也有人不赞同这种“天神保护”的说法，他们说巴巴拉是那种命很硬的扫帚星，是会克人的，只有她身边的人遇难自己才会没事。

法国伞兵创奇迹

1993年5月10日晚6时，法国某军队正在进行新兵跳伞的第一轮训练，目的是选拔一批优秀的跳伞人员，作为国家航空建设方面的储备力量。当时参加训练的官兵一共有22人，其中老兵5人，新兵15人，另有2名特级跳伞教练。之所以有5名老兵参加训练，是因为这是一场新的技能训练，为的是克服新兵的心理恐惧，所以特别采用了这种以旧带新的训练方式。

为了能给新队员一个好的示范，也为这次艰巨的训练任务能有一个好的开端，两名经验丰富的教练决定，先由一名老队员进行第一跳，其他队员在机舱里实地观摩，进行准备工作，然后跳伞队员一起从距离地面500米的高空跳下来。一切准备就绪，教练一声令下，老队员示范后剩下的19名队员一起跳进了云海之中，随后他们都打开了自己的伞包。开始时他们相距还比较近，可能是由于体重的关系，再加上高空气流的作用，他们所处的空气环境开始有所不同，各自也都有了不同的降落方向。

其中最特别的要属于一名叫作达朗的年轻人了，之所以说他特别，是因为他在跳伞的一开始就发生了与众不同的情况。他刚一跳出机舱就感觉与教练所讲述的有些不同，因为他并没有像其他队员那样向下降落，而是被一股强大的气流推向了高空，瞬间消失在九霄云外。两小时后他终于步入正轨，并跌落在离跳伞地点 60 千米外的一片农田里。

幸运的是，他被当时正在农耕的一位农民及时发现了。当时达朗腰系降落伞躺在地上失去了知觉，这位农民被这突如其来的情景吓呆了，连忙将达朗送进医院进行检查。医生发现这位跳伞队员虽然昏迷了，但是气息均匀，应该不会有什么生命危险。此外，他们还发现他的手和脚都被严重冻伤了，但身体其他部位却完好无损。通过以上的诊断结果以及达朗随身携带的高度计显示的数据可以推测，他是被气流推到距地面 7000 米高空后掉下来的。

7000 米高空？那是一个什么样的概念？在 7000 米高空中，大气层中氧含量稀少，气温一般是在 −30℃— −40℃，在那种恶劣的环境下，人类是无法生存的，寒气加上氧气不足都会让人休克而死。当时达朗跌落下来，通过检查发现体温基本正常，这充分证明了他在 7000 米高空中停留的时间并不长，他应该多数时间都处于温度相对较高且氧含量较多的气团之中，所以才幸免于难的。

命硬的飞行员

1944 年 3 月 23 日深夜，英国皇家空军出动飞机空袭柏林，21 岁的尾炮手阿克麦德参加了这次行动。不幸的是，飞机在返航途中被德军夜航机击中，右舷机翼严重受损，飞机立即着火。

阿克麦德打开舱门进去取降落伞，可惜太晚了，舱内一片火海。他好不容易把降落伞的背带系在身上，可降落伞却已烧着了。火势越来越猛，他用劲旋开炮座边上的门，不顾一切地向茫茫夜空跳去。他刚一离机，飞机就在他的上方爆炸了。

阿克麦德头朝下，脚朝上，急速向下坠落。闪烁的繁星在他身边不住地跳动，冰冷的夜风扑面而来，他绝望地闭上了双眼等待死神的到来。片刻之后，他突然感到身体倒转，于是他睁开双眼，发现星星都在自己的脚下……为了证实自己还活着，阿克麦德扭动了一下身子，用手摸遍了全身。天哪，除了几块严重的青肿、多处擦伤和飞机上的烧伤外，自己竟然奇迹般地活着，他清楚地记得自己是从5000多米的高空跳落的。还没回过神来的阿克麦德此刻并没有为生命幸存而惊讶，直到几个小时后，他表情上的冷淡才慢慢消失，代之而来的是一种不可抑制的欣喜若狂。在眼睛逐渐适应了夜色之后，他站起来对自己进行了彻底的检查，结果发现脚上的两只靴子不见了，可能是在疾速下落中让松树枝给扯掉的；飞机制服的两个裤管也被火熏黑并且撕裂了，唯独降落伞的背带还完好无损。他当时根本没有想到这根背带以后会对他的无伞降落起到证明的作用，便毫不在意地解下丢在了雪地里。

阿克麦德环顾四周，只见积雪最厚的地方有近55厘米。雪从松树林外的旷野吹来，堆积在树下，外面空旷的大地上却一点雪也没有，如果自己当时是跌落在树林外，那就必死无疑了。现在他终于明白自己能死里逃生的原因：先坠落在弯曲的松树枝上，接着从树枝上跌落下来时，拥抱他的是松软的积雪。阿克麦德试图离开树林，可腿却抬不起来，他记得腿是从飞机炮座上跳离时扭伤的。于是他意识到，目前最要紧的是让人发现自己，就拿出系在飞行服上的哨子，连续吹了起来。

不一会儿，阿克麦德就听见了人声和脚步声，手电筒光朝他脸上射来，搜捕的人是德国哨兵。他们拿出一块大帆布把他推到上面，像拖一袋马铃薯似的拖回营房。之后德国的秘密警察赶来了，用汽车把他送到了医院。第二天上午德国人开始审问，他们想知道阿克麦德究竟把降落伞藏在哪儿了。当审问官听到阿克麦德说没有使用降落伞时，不相信地哈哈大笑起来。

“那么，你们可以去找我扔在树林里的那根降落伞背带。”阿克麦德说道。

德国人马上找到了那根背带，几天之后又在 32 千米外一架英国飞机的残骸里发现了烧坏的降落伞。当他被押到战俘集中营时，德国人把同盟国的战俘集中起来，听他讲述了这一不可思议的降落经历。后来德国当局还交给他一个证书，上面写道：“经调查核实，英国人塞金特·阿克麦德从 5000 多米的高空不用降落伞落到地面，着陆时没有受伤。”

警察走错楼层竟破大案

在澳大利亚的布里斯班，曾经发生过一件有趣的事情。

一位警官正在值班室里休息，这一天本来是他例行的休息日，可因为一位同事临时有事，需要他替班，所以本来计划出去旅游的他只能一个人在值班室里无聊地打发着时间。正在这时桌子上的电话响了，他的第一反应是有命令，因为这是一条内线，很明显是上级领导的电话，于是他很有礼貌地接起电话，等待命令。电话那头传来了非常有力度的声音，原来上级领导刚刚得到最新消息：在离警局不远的一幢公寓里有非法聚赌的赌徒，他们正在进行交易，似乎带有黑社会性质，这位警官被命令带队去搜捕。临挂电话前，领导特别强调这群赌徒的具体窝点是在这幢公寓的 4 楼，因为怕走漏风声，所以这次是秘密行动，确切的地点只有他一人知道。

警官满心不快，觉得没有必要为这些赌徒如此兴师动众，但无奈这是命令，只得无条件执行。当他心不在焉地带着一队警探冲上公寓时，竟数错了楼层，一直冲到了5楼，而他也没有细看眼前的门牌号就一脚将门踹开，率领警探冲进了房间。本以为会看见一群赌徒在烟雾弥漫的屋子里，麻醉在金钱的诱惑之中，可是房间里根本没有赌钱的人，更别说什么赌徒的交易了，有的只是几个神色慌张的家伙，见到警察进来吓得浑身发抖。警官一看便知，他们虽然不是在赌钱，但一定在做非法的活动。

经过一番审讯后得知，原来这伙人是一群非法贩运武器的罪犯，此次是他们的最后一笔交易，因为其中有3个人由于杀人在逃，为了能及早得到一笔救命钱，因此才铤而走险。此时此刻他们正在房间里包装枪械，进行交易，这突如其来的状况把他们吓蒙了。警官如获至宝，把武器贩子当场抓获归案，带回警局后继续审讯。审讯过程中警官得到了更为重要的线索，原来他们背后还有一个走私团伙，他们只是其中小小的下手。此线索一经上报便得到了领导的高度重视，领导下令由他全权负责此案。由于掌握了充分的线索，没有多久警方便一举捣毁了这个武器走私集团。

此案的破获使得当地的治安有了很大的好转，而这位误打误撞的警官也因此立功升职，喜得他整日咧着嘴笑。事后，当人们问及他当时是怎样得知消息，又如何一举将犯罪分子抓获的时候，他只是笑而不语，也许这就是幸运。

防弹假胸

我们都知道，人的血肉之躯一旦被子弹穿过，即使不死也得在鬼门关上走一回，没有谁能例外。但是在澳洲有一位姑娘，子弹从她的胸部穿过后不但没有一点生命危险，而且还能清醒地观察这一切。难道她不是血肉之躯，不知道疼痛，又或是有什么东西护身，也许穿了防弹衣……种种猜想都不成立，因为发生枪击的地点是一家夜总会，这位姑娘是一名模特，她没有理由穿着防弹衣，那么这究竟是怎么回事呢？

原来，这位模特的名字叫杰恩，那天她在悉尼的一家夜总会演出时，恰巧碰到两名男子发生口角。他们执有不同的口音，听不出在争吵什么，但观察他们的神态，似乎两人有很大的矛盾。当时有夜总会的保安来调解但没成功，他们愈吵愈烈，好像非要争个你死我活。这时候突然有人开枪，人们在惊乱中各自逃命，而此时杰恩正在后台的休息室内化妆准备演出，子弹从敞开的门中飞入击中了她，并无情地射穿了她的左胸。化妆室里的工作人员都惊恐地望着杰恩，因为大家谁也不愿意见到这名年轻的姑娘死于非命，而此时那名开枪者也已经逃之夭夭。此时此地尖叫声不断，大家一致认为杰恩已经死了，当人们从极度恐慌中回过神来时，发现杰恩依旧站在他们的身旁，而且没有一点被子弹击中要害的样子。杰恩镇静地对大家说："我没有感觉到疼痛是因为我的左胸是假的，它是人造的，所以我不会有生命危险，大家别害怕。"这时惊恐的人们才如梦初醒，知道杰恩没有中弹倒地的原因，但还是急忙把她送到了医院，希望医生能给她做进一步的检查。

"如果不是做过隆胸手术，你将必死无疑。"医生对她说，如果她的乳房是真的话，子弹就会留在里面，时间一分一秒地过去，子弹中的有毒物质会在她的身体中逐渐扩散，而当扩散的面积达到一定程度时，就再也没有办法抢救了，她可能因此一命呜呼。所以说是假胸救了她一命，但也因为她做过隆胸手术，肌肉和组织被假胸的软体所取代，所以子弹可以轻而易举地穿过她的身体。

27 岁的杰恩说："警方告诉我，那颗子弹是当时火力最强的一种，它可以射穿防弹衣，是当地出了名的'警察杀手'。"回忆起当时的情景，她说："当时我在屋子里，听到外面有很强烈的争吵声，以为只是普通客人的争吵，一会儿会有人解决，就没有理会，没有想到这突如其来的灾难顷刻之间就降临到了我身上。我听到'砰'的一声，便下意识用手向胸口摸去，结果摸到一种湿湿的东西。我低头一看原来是血，开始还以为是别人的血溅到自己身上，但当我仔细察看时才发现那血是从自己的胸口涌出来的，还有一个子弹孔。”

被送往医院急救的时候，杰恩并没有为自己尚在人间而感到庆幸，她只担心自己的“乳房”会因为枪击而出现什么问题，因为身为一名模特，她很爱这个职业。之后每当想到自己花钱做的假胸居然救了自己一命，成为自己的救命恩人，杰恩就觉得非常好笑，这绝对是件充满了惊险却并没有发生任何危险的事！

小男孩误拨电话救母

美国好莱坞是许多电影名家的向往之地，因为那里不但是名利与事业的象征，更是自身价值的一种崇高体现。美国好莱坞出产的影片不仅畅销全球，而且早已家喻户晓，我们看的影片中大多数来自好莱坞，其中有一部叫作《小鬼当家》的影片更是受小朋友们的喜爱。影片中的小鬼灵活机智，他利用自己的聪明才智屡屡识破坏人的阴谋诡计，而没能得逞的坏人却又拿他无可奈何。或许像这么聪明机灵的小鬼只能存在于艺术作品之中，现实生活中很难找得到，但很难并不是代表一定没有。在加拿大就有这么一个小鬼，他和《小鬼当家》影片中的主人公一样机灵聪明，常常作出一些让人们哭笑不得又非常正确的事，而这些事情也好像只有在文艺作品中才能看到。

上面所提到的这个小鬼出生在加拿大的温尼伯市，是一名刚刚足岁的小宝宝，看上去和别的宝宝没有什么不同。圆圆嫩嫩的脸蛋上有一对黑得发亮的大眼睛，不是很多的头发很听话地趴在头顶上，单从外观根本看不出他和影片中的小鬼有什么必然联系，因为他看上去那么娇小、不堪一击，就连生活起居还得依靠大人来照料。然而就是这样一个小不点某一天晚上在家中玩电话时，竟无意间拨通了911热线（类似我国的110报警电话），而他家中刚巧藏匿了一名警方正在通缉的罪犯，这使得警方在极短时间内不费吹灰之力就将犯人擒获。原来，这名好奇的小宝宝当晚正坐在电话旁边百般无聊，因为他的妈妈正在忙于别的事情，没有时间来陪他。他一眼就看见了摆在面前的电话，他经常见到妈妈拿起话筒讲话，他多么想也能像妈妈一样用电话，但每次都没有得到批准。今天正是一个机会，只有他一个人在客厅，妈妈根本不会来约束他，于是他如获至宝般兴奋地拿起电话，左看看右看看，把这部电话当成了他的新玩具。因为在众多玩具中只有这个是独一无二的，是能说话但只能短暂拥有的，一会儿妈妈回来还要物归原主，所以他尽一切可能地玩耍。小宝宝一会按按这一会按按那，随便地胡乱按动着电话上的数字键，而还不认识数字的他刚好拨通了加拿大911热线。这是一个免费的报警电话，加拿大法律规定，如果有人拨打911热线，无论天气如何，不论对方是谁都要及时出警，确保报案人的平安。电话接通后，警察局的接线员听到电话里传来阵阵婴儿的哭泣声，以为发生了什么大事，马上派出一辆警车赶往现场。警察到达时，发现这栋公寓一切正常，没有往日办案时那种打斗的场面，公寓的主人是一对男女，他们看似是一对夫妻，女的正是这名刚刚拨通电话的小宝宝的母亲，二十多岁。母亲对警察的到来感到莫名其妙，因为她家好像并没有发生什么值得报警的事情。正在她怀疑之际，站在她身后的这个男人引起了警方的注意，因为他太像警方近日正在大力抓捕的通缉犯了。这个男的是她的男朋友，此时显得有些慌张，而这更加大了警察的怀疑。经查问并将该男子的姓名输入电脑后，电脑资料显示这名25岁的男子正是被警方通缉的犯人。年轻女子这才如梦初醒，自己刚刚结交的男朋友竟然是一个警方正在全力通缉的罪犯，而且救了自己的人竟是自己刚满一周岁的儿子。

警官约翰逊向记者诉说这宗趣事时开玩笑地说，如果这名小宝宝知道警方防止犯罪组的电话号码的话，一定可以帮助警方抓到更多的歹徒，加拿大的犯罪率可能由此下降呢！

被子弹击中心脏的幸存者

这又是一个被子弹击中而没有任何生命危险的例子，上次说的是子弹击穿了一位女士的胸部，但由于是假胸因此她幸免于难，而这次事件的幸存者被击中的要害部位却是心脏。我们都知道人如果心脏出现了毛病，那么随时都会有生命危险，因为心脏是全身血管的总汇之处，如果它停止了工作，那么这个人就只有等待死神的宣判了，任何人都没有回天之力。然而任何事情都有例外，你可能不会相信世界上会有这样奇特的事情：一个人被子弹击中心脏后还能存活，而且还很健康。在我国的广州市就有这么一个神奇的人。

事情发生在 2004 年 9 月 10 日下午 3 点 30 分左右，家住广州市白云区同和镇东平村的李先生像往常一样到白云山上取水。这本来是一个非常平常的日子，因为每天下午这个时候他都会去山上取水，一年四季从未间断过。因为每次他取回来的水都正好仅够第二天一家人的用水，所以无论是刮风还是下雨，他都照去不误。这天李先生带着 4 岁的女儿一起上山取水，两人取完水后有说有笑地下山回家时，李先生突然感到左胸一阵剧痛。强烈的疼痛感使他难以行动，甚至出现了短暂性休克。他 4 岁的女儿吓坏了，可是又不知道怎么帮助爸爸，所以只能一个劲地哭喊。但是任凭女儿怎样呼喊，空旷的山里也没有人能听得见，最后几经艰辛，李先生终于慢慢支撑着回到了家中。到家后为了不让家人担心，李先生一个人躲在屋里进行检查。他掀起衣服，发现左胸位置上有一个黄豆大小的空洞，上面有少许血丝，他以为是被气枪击中了，过一会就好，也就没有放在心上。

这时，李先生的同乡听说此事后来看望他，其他村民也都闻讯赶来。当大家知道情况后，曾想试着用夹子将子弹夹出，但因不知子弹的确切位置，所以不敢贸然动手。于是，李先生的老乡陪他到同和镇某医院做了胸部 CT 扫描，结果发现心脏部位有一金属异物，如果不取出，此金属异物所带细菌大量扩散会使身体局部感染而溃烂，所以必须尽快做手术，否则会有生命危险。

同时医生还告诉他，由于此伤口正处于心脏部位，手术风险很大，成功概率很小，会给患者带来很大的危险，而他们这里做不了危险系数这么高的手术，因此李先生只好转院到 157 医院。然而，这家医院里也没有一个医生能做得了这样的手术，于是李先生又只好转到了南方医院。面对来回转院的事情，李先生似乎也明白了，手术的危险随时都有可能带走他的生命，于是他在接下来的日子里更加珍惜生活，经常和家人聊天，好像要把这辈子的话都讲完似的。历经千辛万苦，终于在南方医院，一名胸外科的医生将深埋在李先生体内数天之久的子弹成功取出了。看到取出来的子弹头，李先生仍心有余悸，因为他是不幸中的万幸，不幸的是飞来横祸，使他备受肉体和精神的折磨，而幸运的是他终于脱离了危险。

术后这位医生说，遭遇飞来横祸的李先生创造了一个“奇迹”，因为这种情况在全国都很罕见，而还能存活下来的例子就更是少之又少了。

奇妙出版的稿件

大千世界无奇不有，有离奇古怪之说，有死人复活之事，有的事情更是巧合得令人咋舌。世间的万事万物中，有些事情就像天公故意捉弄我们一样，模一样的树叶难以找到，但是找到巧合之事却不怎么难。此类事件巧得如天设地造一般，令人难以相信，但在事实面前我们又必须承认那是千真万确的，令人毋庸置疑。

1900年出版的一本名叫《不可知的事》的书就记载了一些人类无法想象的新奇的事情，而且只有那些不可知的事情才有条件被收录进来。在这本书中，有一章记载了这样一个非常有趣的巧合故事。

故事发生在19世纪，在法国北部的一个偏远城市里，有一个叫作卡米尔·费莱伦姆的著名天文学家，他不但知天文懂地理，而且非常喜爱写作。他常常一个人在家，一呆就是一整天，足不出户，只为完成一篇文章而已。他的这种韧劲和执着的精神，加上恬静与世无争的性格，使他在当地很有名气，很多出版商都认识他，而且非常喜欢他的稿件。一天，正午的骄阳似乎有些厌倦了每天在空中无聊的生活，想及早地溜回家，所以午后刚过阳光便不那么灼人了，微微起了小风。此时的费莱伦姆正在为书中的最后一章《风》而冥思苦想，不知是微风带给了他灵感，还是他突然思路畅通，总之苦想了一个多月的文章此时此刻写得非常顺手。他奋笔疾书，不一会儿一份满意的稿件就诞生了。可是当他刚刚写完放下笔想休息一下时，突然刮来一阵风，将他写完的稿子卷出了窗外，随后也不知了去向。费莱伦姆十分恼火，这可是他花费好长时间才钻研出来的心血呀。可是恼火归恼火，再生气也无济于事，还是解决不了任何的实际问题，所以他也只好重写这一章了。

这件事过了几天，已经重新写好这一章并对此事有些淡忘了的费莱伦姆突然收到了一张来自出版社的收据，而且还是稿件《风》的收据，这使他觉得很不能理解。这份稿件不是被风吹走了吗？怎么会在出版社呢？而且还邮寄来了收据，这是怎么回事呢？于是，他带着疑问到出版社去问情况，一个编辑接待了他。

编辑问："费莱伦姆先生，请问你有什么事吗？"

卡米尔·费莱伦姆说："我的稿件《风》被投到你们出版社，我刚刚收到了收据，可我觉得非常奇怪的是，我并没有给你们出版社投过稿，而且这个稿件在我写完的当天就被风给吹走了，一直都没有找到，我想问一下这究竟是怎么一回事。

我自己都感觉莫名其妙，这也太奇怪了呀！”

编辑听完他的讲述后，向他解释了其中的原因。原来，当天那阵风把稿纸吹到大街上时，正好有一名出版商的公务员从此经过。看到满地稿纸的他凭借着职业的直觉，猜测肯定是一位名家的著作散落在此，于是随手将一张张稿纸拾起来，然后带回出版社，把它交给了出版商。

就这样，一份几乎丢失的稿件居然在原先预计的日子发表了，费莱伦姆的辛苦没有白费，他非常感谢那位拾起这份稿件的人。

保命的迟到

在美国，这件事情当时被人们看作是有一种神奇的力量在召唤她们，因为当晚的排练所有人都因为种种原因迟到了。这并不是一次普通意义上的迟到，因为它没有给她们带来教练严厉的惩罚，而是被人们普遍认为是一种幸运。因为大家都有一种信条，那就是大难不死，必有后福。这种集体躲过浩劫的事件在美国历史上还是头一次，在全球也实属罕见。

事情发生在美国内布拉斯加州的比阿特丽斯市，1950 年 3 月 1 日，15 名唱诗成员原定于晚上 7 点 15 分在市中心的某教堂进行唱诗排练，原本工作很繁忙的约翰逊先生这天也特地抽出时间来给这次排练做指导。约翰逊先生是一个非常守时而且要求非常严格的人，他从来不迟到，并且非常讨厌迟到的人。但是，当晚 15 名等待排练的队员竟然全部迟到，这对于一向严格要求的约翰逊先生来说简直就是一个耐性的考验。然而令人感到惊讶的是，当晚的约翰逊先生出奇的平静，好像很习惯大家的这种行为似的。时间一分一秒地过去了，约翰逊先生一直很有耐性地等待着，终于在约定时间的 20 分钟后，所有的人陆续来齐了。

迟到的 15 人当然要接受负责人的盘问，于是她们便说出了各自的理由。这些理由听起来似乎合情合理，但又感觉有些牵强。有人说："我的汽车发动不起来，也不知道是什么原因，平时都好好的，而且今天上午我还开车出去遛了一圈呢。"

有的人说："我是因为服装还没熨好。本来我要我妈妈熨的，可是她为了给妹妹梳头发，就把给我熨服装的事给忘记了。而我自己也因为要扎头发而耽误了熨服装，因为这个我还埋怨了我妈妈呢。"

有的人说："我同学突然来拜访我，因为 3 年多没有见面了，所以我们非常高兴。我们聊啊聊，聊了许多的往事，这些往事让我们都既兴奋又怅惘。正因为如此，我们交谈的时间拖得太久了，所以我就迟到了。我知道迟到是一件不好的事情，而且我也知道自己快迟到了，可就是不知道什么原因，我竟然没有把同学赶走，这可不像我平时的风格啊。"

有的人说："我本来准备好要早一点过来排练的，可是因为没有吃饭，所以我就去饭店吃饭了。结果在饭店吃饭的时候，粗心的服务员把我的衣服给弄脏了，我只好又跑到家里去换衣服……"

……

但是，令人们意想不到的是，好在他们 7 点 15 分一个都没有到，因为 7 点 25 分教堂突然发生爆炸了，而这 15 名唱诗成员因为迟到全部幸免于难。像这样 15 人不约而同迟到的离奇巧合，经计算，恐怕在 100 万人次中才有一次。事后，人们对事故发生的具体原因似乎关注得很少，而对事故中的幸运儿则充满了好奇。

自杀未遂却治好顽疾

不知道这个世界上有没有死神，如果真的有的话，那么它肯定是一个非常喜欢恶作剧的家伙。它不是专为催人的命而来的，而是给那些面临死亡的人一个新的开始，也许死神也不喜欢人们痛苦的分离吧。下面的这个年轻人就是一个和死神擦肩而过的幸运之人，死神不但没有把他带入另一个世界，而且还大开善心，医治了他多年的疾病。

24 岁的意大利青年亨利·芬克患上精神病已有 14 年之久，患病时他只有 10 岁，小小年纪竟然患上这样的病，家人都感到十分惋惜，于是决定要不惜一切代价治好他的病，因为他的人生之路还很漫长。大家为他四处求医问药，使用了各种哪怕只有一丝希望的方法，但始终没能将他得的这种怪病治好。由于他行为怪异，无法自制，与他同龄的小伙伴也渐渐地远离了他，因此他至今仍然没有女朋友。其实他是有心上人的，但是他觉得自已配不上人家，因为他不是一个正常人，不能给心仪的姑娘一个正常的家庭。

有一天，亨利·芬克觉得在家实在太闷了，于是在征得家人同意后去街上散心。他在街上碰到了喜欢的那个女孩，但女孩并没有理睬他，而是在与一个很帅的男孩道别。那个男孩拥抱了这个女孩，并且亲吻了她的额头。女孩的脸笑成了一朵灿烂的花，甚是美丽。男孩说“明天见，亲爱的”，然后向女孩挥了挥手就离去了。女孩还在看着男孩的背影不愿意离开，似乎在回忆刚才那幸福的一幕。而这一切都被亨利·芬克看在了眼里，他顿时觉得心非常的痛，有一种被撕裂的感觉，一时间他觉得自己的人生真的已经没有任何意义了。

回到家里，他谁也不理睬，把自己关在房间里。他找出了自己的手枪，自从生病以来他还从来没有用过，可是如今他想用这把枪来结束自己的生命，因为他觉得自己如果再活着就真的是太悲哀了。他不能拥有自己心爱的人，不是说不行，而是他根本就没有这个权利。他觉得继续这样活下去对自己的人生一点意义也没有，活在这个世界上的只是一个躯壳而已，自己的灵魂早已远离了这个世界。在这个世界上有太多的痛苦，他没有正常人的生活，连自己喜欢的人也没有权利去追求，他觉得一切看起来都是那么的灰暗。可同时实他又舍不得离开这个世界，这里有他至亲的人，有养育过他的父母双亲，而且他还什么都没来得及享受。但是，他又觉得自己是他们的一个包袱，他处在一种极其痛苦的挣扎中。

就在这个时候，他的病痛又发作了，他已经记不清楚这是 10 多年来第几次发作了。由于不堪忍受病魔的纠缠，他竟然在最后关头真的向自己的头部开了枪。家人听到屋子里传出的枪声后急忙闯入，并将他送往医院。经过医生的检测，这一枪不但没有夺去他的生命，反而歪打正着医好了他的脑部顽疾。虽然射入脑部的子弹至今仍留在他的头内，但是他却变成一个正常的人，从此有了一个新的人生。

雷击让盲人复明

家住在美国缅因州茅斯镇的埃德温·鲁滨逊或许是一个不幸的人，他在 53 岁那年遭受了严重的意外事故导致双目失明，而且连耳朵也聋了。面对这个病人，就连当地最高明的医生也认为根本没有复原的希望。这一“死亡”宣判将鲁滨逊原本幸福的生活打得支离破碎，使得他一直生活在痛苦与黑暗当中。可是就在1980年6月一个风雨交加、雷电轰鸣的日子里，幸运之神眷顾了这位饱经风霜的老人，一道闪电不偏不倚地击中了他的头部。本来受雷击正常情况下应该会残废或死亡，但埃德温·鲁滨逊是幸运的，这次的雷击让他重见了光明。

那天天气很糟糕，外面狂风闪电，大雨倾盆，鲁滨逊想起他饲养的小鸡还在屋外，心想："糟了，我的小鸡惨了，它们还没有进窝，我得赶紧去把它们找回来。这么大的雨天，它们一定受不了的。"心急的他连忙拿起铝制的拐杖，戴上医院给他配制的助听器到屋外去找小鸡。大风吹得他几乎站立不稳，但是一想到小鸡还在屋外没有避雨之处，他就顾不得危险了。当他走到一棵白杨树下时，突然"咔嚓"一声巨响传来，一道犹如白昼的闪电从天而降，击得他当场不省人事，昏厥过去。20分钟后奇迹发生了，来势汹汹的狂风与闪电像完成了任务似的瞬间销声匿迹，此时阳光明媚，被大雨冲洗过的树叶绿得像翡翠。他醒来后睁开眼睛，发现自己什么都看得见了，眼前的一草一木都像以前那么熟悉。如今的他一切都看见了，而更让人感到奇特的是，他的听力也随之完全恢复了。这个意外的惊喜让他高兴得不知如何是好，他还以为自己是在梦中，因为他做过许多次这样的梦。可是这一次不是梦，一切都是真的。

当他站在当年宣判自己没有机会治愈的医生面前时，这位医生目瞪口呆，简直不敢相信自己的眼睛，连连说："这简直不可思议呀！"在对他的身体尤其是双眼和耳朵进行了全方位的检查后，医生认为这是永久性的痊愈。这个好消息让这位年过半百的老人看到了人生的希望，而一个月后，奇迹再次发生，他已经秃了30年的光头上竟然重新长出了头发。

据统计，美国死于雷击的人平均每年有150个，而遭雷电击中不但没有死亡反而治愈了疾病的却只有他一例，这一特殊案例令科学家也无法解释。白杨树和助听器都被雷电烧毁了，而他却因此治好了病，这难道是偶然的巧合吗？还是雷电有着某种不为人知的特殊功能？看来这个谜目前是无法解开了。

最受幸运之神眷顾的人

在我国，有句古话叫作“大难不死，必有后福”。这是一句宽慰那些暂时处在逆境中的人的话，然而有时它却会像魔法师一样，在你平淡的人生当中添一笔亮丽的色彩，下面这位叫作斯拉克的人，就是在一次与死神擦肩而过之后，中得了60万英镑的彩票大奖。

74岁的斯拉克已经到了退休的年龄，他退休前的最后一份职业是在当地的一所大学当音乐教师，这也是他最得意的事情。他第一次面临死神的威胁是在1962年，当时他正坐在从萨拉热窝开出的高速列车上，突然列车出轨冲进了路边的河里，17名旅客当场溺亡。幸运的斯拉克爬出车窗获救，性命是保住了，但却断了一条胳膊。1963年，为了能去一个很远的城市探望病重的母亲，他说服航空公司官员给他在满座的飞机上找到一个空位，和空中小姐同坐。就在航班着陆之前，机舱后门突然打开，他和空中小姐同时被抛出舱外，飞机也随后坠毁。3名机组人员和17名旅客死于此次坠机事故，但斯拉克却幸运地掉到了干草堆上，奇迹般地存活了下来。

接下来的3年里斯拉克一直平安无事，但随后在克罗地亚的斯普利特市，他搭乘的巴士却栽进了路边的河里。那条河很深，负责打捞的工作人员几乎没抱任何希望，最后一具具尸体被打捞上来，却唯独没有看到斯拉克。人们当时都以为他被河水冲到下游去了，所以对他也不抱什么希望了。但是幸运之神再次眷顾了他，他在巴士掉进河里之前已被甩出车外，并在落水之前被边上的树枝拦了一下，所以没有摔成重伤，他又逃过了一劫。在接下来的30年间，他没有像其他人那样顺利，而是又经历了几次车祸，但是每次都有惊无险。

最后一次，斯拉克驾车行驶在狭窄的山路上，为了躲避一辆联合国的卡车而突然转向，结果撞坏路边拦网摔入了悬崖。关键时刻，他把车门打开，纵身一跃，最后落到树上，亲眼看见小轿车坠入 90 多米深的悬崖爆炸起火。心有余悸的斯拉克在车祸 3 天后，破天荒第一次买了一张彩票。

这次他终于交了好运，他买的彩票中了大奖，赚了 60 万英镑。斯拉克激动地说："我一听到这个喜讯，就知道自己从此交好运了！"斯拉克准备用这笔彩金买车子、房子和游艇。不过，他中奖后做的第一件事是向家乡捐款数千英镑建造了一座新礼拜堂。他说："神多年来保佑我逃过许多灾难，我想做点善事谢恩！这个问题可以从两方面看，我要么就是世界上最倒霉的人，要么就是最走运的人，我更愿意相信后者。"

天降"宝石"

2004 年 6 月 12 日上午 9 点 30 分左右，菲尔·阿切尔和布兰达·阿切尔夫妇位于新西兰奥克兰市艾勒斯利的家中发生了一件奇怪的事情。正在为全家人忙活早餐的家庭主妇布兰达突然听见外边传来一声惊天动地的巨响，好像什么东西爆炸了一样，她惊恐地跑出厨房想看个究竟，结果发现房间已经发生了惊人的变化：干净工整的房间不见了，到处充满了灰尘烟雾，什么都看不见。等灰尘慢慢平息后，布兰达的丈夫菲尔发现家中的计算机旁边躺着一块黑色的石头，看上去和普通的石头没有什么两样。据夫妻俩回忆，家中好像并没有这样的石头，所以这个一声巨响后突然出现的不明物体着实让他们疑惑不解。最后，他们一致认为可能是家中的什么物件随着巨响而掉了下来，于是丈夫菲尔便用手去拿。“啊”一声惨叫传出，布兰达闻讯赶到，发现丈夫拿那块黑石头的手已经烫得无法合拢。“原来它很热，让人无法用手去摸。”丈夫菲尔指着那块神秘的石头说道。

据专家现场勘察发现，这块黑石头原来是一块从外太空飞进大气层的陨石残骸，它先是穿透了阿切尔夫妇家的屋顶和天花板，接着砸中了他家的皮躺椅，再反弹向天花板，最后落在了他们家的一台计算机旁，它像陀螺一样不停地旋转。所幸当时房间里没有人，所以没有造成人员伤亡，否则后果将不堪设想。由于这块陨石的自然成分到目前为止还没被研究明白，万一伤到人，很难在短时间内采取很好的救助，因此阿切尔一家算是不幸中的万幸了。

专家说，天外陨石砸穿房屋的概率只有几十亿分之一，比买彩票中大奖还难。自从阿切尔夫妇家被陨石砸中的消息传开后，一些美国陨石收藏专家纷纷出动，寻求与阿切尔夫妇获得联系的机会，争相希望以高价买下这块天外石头。据《陨石杂志》编辑、奥克兰大学数学讲师乔尔·斯奇夫说，这块天外陨石的价格在1万美元以上，而砸穿居民屋顶的事件更使它的价格飙升。斯奇夫认为这块陨石是新西兰的国宝，应该留在新西兰的土地上，因此他希望新西兰博物馆能出资买下它。事实上，一些收藏专家除了对阿切尔夫妇家的陨石感兴趣外，还表示有意购买他们家被砸穿的天花板和躺椅，阿切尔夫妇真可说是有惊无险，“因祸得福”。他们计划于14日将它送往奥克兰大学进行检验。

这块长13厘米、宽7厘米的球粒状陨石重达1.3千克，专家分析，它可能是小行星的一部分，而不是月亮碎片或火星岩石。

彩票中奖，谎言终成真

英国北部一个不知名的小镇里住着一对年轻夫妻，男的叫霍华德，女的叫凯西，他们过着幸福美满的生活。后来因为生活中的一些矛盾，夫妻俩经常吵架，关系曾一度恶化到离婚的边缘，但是霍华德很爱自己的妻子，所以他努力想办法试图挽回妻子的心。他记得凯西曾经说过，如果买彩票中奖，生活中的所有问题都将迎刃而解。有一次他陪凯西到商场买鞋子，看到妻子望着心仪已久的鞋子恋恋不舍的样子，他多么希望能立刻为妻子买下这双鞋，但苦于自己囊中羞涩。于是为了给她一个意外惊喜，霍华德蒙生出了一个谎称自己中了 1.2 亿英镑彩票大奖的想法。

从那时起，为了让自己编织的这个弥天大谎不被拆穿，让妻子能沉浸在喜悦中，霍华德干脆打肿脸充胖子。他答应妻子购买一栋 570 多万英镑的洋房，订购 3 辆豪华轿车，还答应给每名亲友送上 36 万英镑，并且捐款给慈善机构。

当然这一切全都未能兑现，霍华德其实是向情妇借了 11 万英镑和一辆小汽车，以此来冒充中奖富翁，完成他这场虚拟的游戏。同时他为了装得更像富翁，还向银行透支了 14 万英镑。起初，凯西对丈夫中奖一说信以为真，因为家中的日子过得确实比以前殷实了许多，但当他渐渐摆不出“富豪”的排场，甚至连举行庆贺中奖的派对时也只以火腿三明治宴客时，凯西便起了疑心。中了那么多的奖金，怎么连一次小小的派对还办得那么寒酸呢？这种疑问令她非常不解，于是她向奖券机构查证，但对方并未提供任何信息，凯西索性当面质询丈夫是否真的中奖。直到这时霍华德看纸包不住火，没有退路了，才承认撒了这个谎。霍华德面对妻子的一脸惊慌心里很是心疼，他忙对凯西说这全都是因为爱她，但令他感到可怕的是，妻子没埋怨他，而是很绝望地坐到了地上。面对这突如其来的变故，霍华德不知所措，他此时找不到更好的方式来安慰受伤的妻子。最后，妻子说出了让他感到更加可怕的事。原来，当霍华德宣称自己中奖时，妻子凯西认为自己终于可以过上富太太的生活了，便约了7年未见的老朋友蒂娜一起去赌钱。当年她们之所以不来往了，就是因为蒂娜嫁给了一位富翁，而凯西觉得自己很寒酸，但是现在她有钱了，可以扬眉吐气了。刚刚从赌场回来的她输掉了近一半的彩金，打算回家让霍华德还给赌场，不然那些放高利贷的人是不会放过她的。听完凯西的话，霍华德犹如五雷轰顶，没有想到自己的一句谎言竟害得妻子背负了这么大的外债。此时的他没有更好的办法解决这个问题，只有安慰妻子一定会有办法的，可是连他自己也不知道办法在哪里。

后来霍华德因为欺诈罪名被判入狱一年半，凯西为了偿还那笔巨额赌债每天给别人洗衣做饭，不过她知道丈夫是因为爱自己才说谎的，所以最终原谅了他，霍华德出狱后两人和好如初。夫妇俩的故事被拍成了电视连续剧，更巧的是，近日霍华德真的中了7万英镑的彩票奖金，这一次凯西没有对丈夫起疑心，两人从此过上了幸福的生活。

妻子失足坠楼恰被丈夫接住

2004年9月3日上午11点30分左右，一名女子失足坠楼，却碰巧被买烟回来的丈夫接住。这真是一个意外的巧合，如果不是丈夫接住了她，也许悲剧就发生了。

当时，在肖家河街70号楼下开杂货铺的黄婆婆正坐在树荫下乘凉，突然“啊”

的一声尖叫惊得她心头一紧。她抬头一看，一名女子从5楼摔了下来。该女子先掉在了3楼一住户的雨篷上，接着又掉在了2楼的电线上。这时只听见“哗哗”两声，两根电线断了，该女子又往下落去，好在一名青年男子飞身上前接住了该女子。

“好险哦!”“要不是小伙子接住，那女的就没命了！这真的是太巧了。”围观的路人纷纷说道。

几分钟后，高新巡警大队肖家河巡组的两名巡警赶到现场。坠楼女子一个劲地叫疼，她全身多处被擦伤，疼得不能走路。

救人男子在一旁不断地说：“怎么我买个烟，你就掉下来了？好在我来得及时，要不然就不知道该出什么事了。”据邻居介绍，坠楼女子与在地上接住她的男子是夫妻，他们住在5楼。

据该男子说，他上午因为一些小事和妻子吵了一架。本来以为吵了就完了，哪知道中午又吵了起来。他无意吵架，觉得有些闷，就独自一人下楼去买烟。“刚刚把烟买了，回来看到她坐在阳台边上，她一站起来，谁知就滑下楼了。”看见妻子掉下楼，他想都没想就冲上去接住了妻子。

坠楼女子告诉巡警，她不是跳楼，是失足掉下来的，正巧被自己的丈夫接住，也算自己命大了。

该女子随后被巡警与120送到了医院。经医生检查，该女子身上多处软组织挫伤，脚在跌下楼时碰到硬物被扭伤。

神奇的母性直觉

在6年前的一场大火中，科瑞丝不仅失去了位于美国费城的住所，连她出生仅10天的女儿都化为了灰烬。可是，这位伟大的母亲却一直相信女儿还活着，并凭借“母性的直觉”找到了“复活”的女儿以及当年纵火的疑犯。

31岁的科瑞丝是在一个朋友的生日派对上发现她失散6年的女儿的。看到小女孩的第一眼，科瑞丝就呆住了：可爱的酒窝、美丽的黑发、似曾相识的眼神。她有一种强烈的预感：“眼前的小女孩就是我的亲生骨肉，我必须证明这一点。可是，该如何证明呢?”

科瑞丝曾看过通过基因检验进行亲子鉴定的电视节目。于是，她走上前，亲切地对小女孩说：“你好，你长得真漂亮。你的头发简直美极了。”然后，她装着去看小女孩的头发，并装作意外地说：“哦，亲爱的，你的头发上沾了口香糖，我帮你弄一下吧。”于是，科瑞丝借为小女孩整理头发拿到了小女孩的5根头发。科瑞丝找了一张干净的餐巾纸，小心翼翼地将头发包好，装在塑料袋内。

DNA测试证明小女孩果然就是科瑞丝的女儿，科瑞丝随后报了警。因为科瑞丝的发现，警方不得不重新调查当年那场火灾。当初大家曾认为是短路造成了失火，小女孩已被烧成灰烬，现在看来，是狡猾的犯罪分子将孩子偷走后，故意制造火灾，企图永远掩盖罪行，把孩子变成自己的“亲生骨肉”。

因找到女儿而万分激动的科瑞丝也向媒体说出了久藏在心中的疑点：“当我冲进女儿的房间后，床上什么都没留下，但我发现，一扇窗户竟然是开着的，而当时是冬季。另外，在我女儿出生后没几天，住在新泽西州的亲戚克芮就远道来访，并称她自己怀孕了，火灾当天，克芮还来过我家，但此后再未上门，直到在那个派对上重逢。”

三次起死回生的人

故事的主人公是肯尼亚的莫卡·姆兹塔，关于他三次复活的事情，在当地也成了一段佳话。

莫卡·姆兹塔的第一次死而复生是发生在他 3 岁时，那次他不小心从楼梯上摔下，随即昏迷。当父母把他送往医院抢救时，医生告诉他的父母，他已经没有呼吸了。伤心的父母哭泣着准备埋葬他，可就在这时却听到了他大声的啼哭。父母惊喜地发现莫卡·姆兹塔复活了，这真是一个奇迹，便带他到医院检查，然而医生也说不出究竟是什么原因使他复活。

莫卡·姆兹塔的第二次复活经历是在他 22 岁那年，这一次他去向不明。家里的人问遍了也找遍了，可就是不见他的踪影，他的父母以为他又一次死去了。6 天后，一位牧羊人发现了已经冰凉的莫卡·姆兹塔。原来，他从一个很高的悬崖上摔入了深渊，这个深渊一般人是不会进去的，这位牧羊人是为了寻找一只调皮的羊才不得不进入，这也算一个巧合了。当时的莫卡·姆兹塔已经没有了呼吸，他的父母就像十几年前一样伤心欲绝地准备安葬他。而就在即将入土的瞬间，莫卡·姆兹塔醒来了，他顶开棺盖，逃脱了死神的魔爪。家人不禁为他的命大而庆幸，村里的人也对他的事情感到惊奇不已。

大家以为他从此可以平安地度日了，毕竟他已经两次大难不死。可是事实并非如此，在他 60 岁时又上演了一幕死而复生的奇事。莫卡·姆兹塔不幸得了霍乱，而且日趋严重，最后家属们认定他已归天。但整整一天后，他突然坐起并且连声呼唤："我想喝水!"莫卡·姆兹塔又一次复活了。

三次死而复生，这真是一个奇迹。可是，这个奇迹究竟该如何来解释呢？难道仅仅是巧合吗?

防弹硬币

上衣口袋中的 4 枚硬币挡住了强盗射出的一颗子弹，救了自己的命，这是发生在巴西一名叫卡内罗的彩票小贩身上的事情。

一天，两名男子走近他的彩票摊，手里拿着枪，凶狠地说："快拿钱来，要现金，不然你的命就没了。"卡内罗感到非常的害怕，他还从来没有碰到过这样的事情，以前只是在电视上看到过，没想到现在自己也遇到了。不过他还算镇静，毕竟曾经也经历过不少风雨。

为了保命，他平静地对两个男子说："我的钱不在这里，在我家里。你们可以跟我去拿，不过请不要伤害我，你们要什么我都可以给你们。"

一名男子说："少废话，快带路。"于是卡内罗就真的把他们带到了自己的家里，其实就在彩票摊的后面。当他打开门让他俩进屋时，一名歹徒开了枪。卡内罗以为自己死定了，可是子弹碰巧射中他上衣口袋里的硬币弹了回去，卡内罗毫发未伤。于是，他使劲将两名歹徒推入屋内，自己夺门而逃，直奔街道。

他赶到街边的警察厅，告诉警察刚才发生的事情。警察马上派了几个人去他家，不过两名男子已经逃跑了。卡内罗发现家里的几个存折不见了，一同丢失的还有一些现金和贵重的首饰，于是他马上打电话给银行挂失。

脱险的卡内罗随后向警察提供了线索，两名歹徒最终全都落网。

车祸中幸存的“小超人”

2004 年 7 月 27 日，在英国爱丁堡一条繁忙的交通公路上，一辆轿车与一辆有篷货车相撞，事发地点旁边的一辆童车也受牵连被撞，车内婴儿被撞飞一条街，但竟然毫发无伤。

据这位神奇婴儿的父母说，当日他们吃过晚饭后推着童车，带着 2 个月大的女儿到街上散步。当他们走到伊斯特路和伦敦路交界处交通繁忙的十字路口，站在人行道上等待绿灯，正准备过马路时，突然一辆轿车转弯行驶，由于车速太快，撞上了一辆有篷货车。

两车相撞之后，轿车被货车弹到一边，打着转撞向路边人行道上等待过马路的一家三口。看到轿车撞向自己，婴儿的父母急忙推着童车躲向一边。可是轿车的速度太快了，他们还没跑几步，推在前面的童车就被打转而来的汽车撞到，车内 2 个月大的女婴被撞飞出一条街，一直飞到马路对面。

吓得脸色苍白的婴儿母亲以为自己的女儿被撞死了，尖叫一声后晕倒在地。婴儿的父亲急忙穿过马路，快步跑到婴儿身边，抱起躺在地上的婴儿，以为孩子撞得不轻的父亲含着眼泪检查女儿的身体。谁知，他却意外地发现婴儿不仅仍然有意识，而且全身没有一处伤，只是头上有一点点擦伤的痕迹而已。这个神奇的婴儿躺在父亲怀中，还对着焦急的父亲咯咯地笑。

婴儿的父亲看到孩子安然无恙后松了一口气，赶忙唤醒妻子，将女儿送到当地的儿童医院进行检查。检查结果确定这名幸运的女婴身上没有一处伤，但是为了安全起见，婴儿还是被留在了儿童医院接受观察。医生说这真是一个奇迹。

而那辆轿车在撞上童车后，又撞到路边的一棵树上，司机当场晕了过去。

失恋盲女撞墙自杀却重见光明

在英国有一位名叫伊云妮·布朗的18岁姑娘，长得非常漂亮，无论谁见了她，都会为她的美貌而感叹。但令人遗憾的是，这个美丽的姑娘在11岁时因一场大病而失明。

不幸并没有使她自暴自弃，她努力地学习盲文，努力地学习做各种正常人能够做的事情。邻居家的男孩觉得她非常坚强，于是两人在频繁的交往中慢慢地喜欢上了对方。可是，当男孩的爸妈知道儿子喜欢的竟然是一个盲人时，坚决反对他们交往。

尽管伊云妮·布朗的男友仍然不肯断绝与她的关系，但随着时间的推移，他也慢慢开始觉得伊云妮双目失明是一件不可忍受的事情。确实，双目失明给生活带来了许多的不便。这天，男友对她说："伊云妮，我们分手吧，我的爸妈不同意我们在一起。如果你不是双目失明，就不会有这个问题了，真的很对不起。"

伊云妮听后哭了，她说："你一句对不起就够了吗？你这样说我，实在是太过分了。”

无论伊云妮如何向男友诉说，男友都不肯回头，最终他们分手了，他再也没有来找过她。情场失意的伊云妮非常伤心，想以头撞墙求一死。当她的父母发现时已经来不及了，伊云妮已经撞墙倒地，父母当场被吓得脸色惨白。岂料数分钟后，父母却发现她破涕而笑，高兴得跳了起来。原来她的头往墙上一撞，竟然奇迹般地使她的双目恢复了视力。她立即找来男友，告知他这一喜讯。结果，两人又和好如初，并很快结了婚。

遭热带蚂蚁咬伤，风湿病神奇痊愈

威尔斯是美国一所大学生物系的学生，爱好探险和旅游，一次他利用暑假前往巴西采集热带雨林中的珍稀植物。森林中的野兽、昆虫和疾病频频向他袭来，他变得又黑又瘦，疲惫不堪，膝关节也又红又肿，实在是举步维艰。由于长时间地处在潮湿阴暗的环境中，他患了风湿性关节炎。

这天傍晚，威尔斯又累又痛，再也走不动了，只得坐下长时间地按摩患处。他勉强支撑着，在两棵树之间张开一张吊床，倒上去迷迷糊糊地睡着了。

半夜时分，威尔斯醒了过来，耳边到处响着窸窸窣窣的声音，身上被爬着的什么东西乱螫乱咬着。他一下子惊坐起来，伸手一摸抓了一把，借着月光一看，原来是一种热带蚂蚁。他知道，热带雨林中的蚂蚁十分厉害，成群的蚂蚁包围起来，可以把猛兽啮成一堆骷髅。他一急之下吓出了一身冷汗，双手乱抓起来。可是蚂蚁闻到了人的汗味，越聚越多，原来吊床拴扣的那棵树恰恰就是这群恶蚁的老巢。他急中生智，翻身下床，向附近的一条小河跑去，迫不及待地跳进河中。蚂蚁遇到水，便都浮了起来，威尔斯这才脱险。

第二天早上，威尔斯发现身上多处被蚂蚁咬伤，因携带的药品丢失，只好苦熬着。然而到了下午，他发现不仅身上的肿块消退了，连折磨自己多日的关节疼痛竟也神奇地消失了。

威尔斯当时搞不清关节炎痊愈的秘密，后来美国迈阿密市的研究所揭开了这个谜底。实验表明蚁毒对风湿性关节炎有良好的治疗作用，威尔斯关节炎的痊愈正是他与蚂蚁不期而遇的结果。

第七章
暗黑诅咒

在民间，流传着许许多多的传说，有美好的，也有黑暗的，比如诅咒。如今的我们生活在高科技时代，或许大多数人并不相信诅咒之事，但是有的事情却让我们不得不相信它的存在，而关于它的传说也在我们的身边一直上演，从来没有间断过。

四位美国总统与罗伯特的“奇缘”

在美国的历任总统中，有 4 人是被刺身亡，其中 3 位总统之死似乎都与一个人有关。这个人就是罗伯特·托德·林肯，美国第 16 任总统亚伯拉罕·林肯的长子，在美国南北战争的最后岁月中，他在格兰特将军麾下任上尉参谋。

1865 年 4 月 14 日，罗伯特到华盛顿看望他的父亲，谁知那天竟是父亲的末日。当天晚上，为了庆祝南北战争结束，林肯总统在华盛顿的福特剧院看戏，被一个南方联邦的支持者开枪击中头部。林肯总统没能逃过此劫，这是第一次谋杀美国总统的事件。

1881 年 7 月，第 20 任总统詹姆斯·艾伯拉姆·加菲尔德在华盛顿召见罗伯特，要他叙述关于他父亲遇刺的全部经过，总统专心致志地听他讲了一个多小时。两天后，加菲尔德总统在华盛顿的一个火车站遇刺，由于伤情严重，不治身亡。

1901 年 9 月，这时的罗伯特已经是一个家喻户晓的百万富翁，他带领全家来到纽约州的布法罗，准备去参见第 25 任美国总统威廉·麦金莱。他行装甫卸，就听到了总统遇刺的消息。总统一周后就死去，罗伯特未能见上他最后一面。

在经历了 3 次总统遇刺的事件后，罗伯特就特别地小心翼翼，尽量避免再去见新的总统。特别是威廉·麦金莱的遇刺，使罗伯特甚至有一种从此再不敢见总统的念头。他说：“我一旦去见哪位总统，那位总统肯定会像其他总统一样发生不幸的事情。”

事情说来也巧，罗伯特死后的第 37 年，美国第 35 任总统约翰·肯尼迪遇刺身亡。这一次虽然与罗伯特无关，但他俩死后都被埋葬在华盛顿郊区的阿灵顿国家公墓，相距只有不到 100 米。

死亡信号——老鼠搬家

这是发生在第二次世界大战以后的事情，故事发生在美国。在纽约从事电影工作的莱蒙德·马西夫妇退掉了价格高昂的旅馆房间，在东区印号街租了一间房租低廉的房子住下，因为此时的他们收入并不高。

一个星期天的下午，天空有些阴沉，好像要下雨的样子，马西夫人记起丈夫出门时没有带雨具，所以很担心他在路上淋雨，便不时地从二楼窗口探头眺望，希望丈夫能早些回来。她突然瞥见对面房子的地下室里许多老鼠倾巢而出，列队窜过马路，拼命朝自己家的方向涌来。这些老鼠行动迅速、整齐划一，好像经过演练一样，没有一个乱了队形。马西夫人吃惊地望着这一切，不知道是怎么回事，心里想："这么多的老鼠过街，会不会有疫情呢？"

马西夫人赶紧给卫生局打电话，寻求灭鼠的方法，还从朋友家借来了两只猫。可是因为老鼠太多，一时间除鼠的办法不怎么奏效，只能任由这些猖狂的家伙横行霸道，也无可奈何。

大批老鼠"搬"进来后，马西夫人虽然很是反感，但好在相安无事，因为这些老鼠似乎很守规矩，只是挤在自家一层一个空着的仓库里，从来不进入主人的房间，她也就把此事放在一边了，因为她的确没有一个好的办法能解决此事。一天早上，马西夫人照例打开报纸看早间新闻，这是她多年来养成的习惯，报纸上头条有几个醒目的大字，刊登了富豪B夫人自杀的消息，还登了死者的照片。她不禁一愣："啊呀！这不是对面楼里的太太吗？那些老鼠就是从她家里逃过来的。她衣食无忧为什么要自言杀呀？我过这样的日子还很开心呢！”想不通的马西夫人自语道。B 夫人一死，那幢楼房就被拍卖了，当新的主人入住时，那些老鼠又成群结队地“回家”了，让人感觉非常诧异。

日子就这样过了许久，对面楼里又搬来了新主人，是个衣着时尚、满头金发的女人，据说她曾经当过舞女。马西夫人对从邻居那里听来的消息似乎很感兴趣，后来她就经常趴在二楼的阳台上，表面上像是在看自己的丈夫是否下班，实际上是关心对面发生的情况。此后，她发现时常有个年轻男人出入金发女人家。一天，这个经常来的男人在楼里突然心脏病发作，由于没有得到及时有效的抢救最终死亡了。就在他猝死之前，那幢楼里的老鼠又像上次一样集体逃到马西夫妇住的楼里来了。

年轻男人死后，女主人搬家了。奇怪的是，老鼠依旧回了“旧窝”。不久，又有个年轻的实业家搬进去住。

很长一段日子，周围太平无事。可是有一天，又出现了老鼠“搬家”的现象。

“又要发生什么不测了！”马西夫人不由得担心起来。果然没多久，《纽约时报》就登出了一则消息：“一个年轻实业家因飞机失事死亡。”

“啊！就是对面楼里的房客！早知如此，趁老鼠搬家的时候告诉对方就好了。”马西夫人深感懊悔。

接下来发生的不恻使人们对这幢楼房望而却步，再也没人敢去租用。空置的楼房里只有那些老鼠在肆无忌惮，优哉游哉。

据说，这幢楼最早是由一个有名的律师出钱建造的。房子造好不久，律师突然精神失常，住院治疗，但是迟迟没能康复。一天，律师从医院里溜出来，跳入赫德森河死了。

死神发出的怪声

这是 1918 年 8 月末，苏联研究传感信息的著名学者贝尔纳鲁特·卡金斯基所经历的奇异事件。

19 岁的 M 是卡金斯基的好友，他卧病在床已经几周了。卡金斯基每天工作结束后都去探望他，他们两家相距 1 千米左右。

一天夜晚，卡金斯基从 M 处回家后非常累，一头倒在床上睡着了。夜深人静，卡金斯基酣睡着，忽然一个清晰的声响划破沉寂无声的卧室，把他惊醒了。这响声多么像银调羹和玻璃杯撞击的声音啊，他以为是猫在桌子上淘气，碰得茶具乱响。卡金斯基起身打开台灯向桌上看去：没有玻璃杯，没有羹匙，甚至连猫的影子也没有。他一看表，正是深夜两点钟。

次日下班后，他赶忙从工作岗位向 M 家走去。可是越走近 M 家，他越是忐忑不安起来。一到门口，看到对着大街的门大开着，他就知道 M 家出事了。卡金斯基慌忙跑进房中，他的密友 M 已经静静地躺在那里，长眠不醒了。

M 的母亲坐在床边，哭肿了双眼。卡金斯基在帮助把死者尸体从床上抬到棺材里去的时候，不小心碰到了枕边的小桌子。这时，“叮”的一声，一种银器的声响传到耳边。这声音多么熟悉呀，它和昨天夜里卡金斯基在睡眼朦胧中从自己房里听到的声音完全相同。卡金斯基打了一个寒战，他惊诧地看着那张小桌子，桌子上放着一只盛有银调羹的玻璃杯。他本能地拿起那个银调羹，敲打着玻璃杯，发出的声响和昨夜听到的声音还是完全一样。“我怎么能在昨夜里听到这种声音呢?”

M的母亲和姐姐丧失亲人，已经悲伤到极点，她们颓丧得连一点儿应对外界的能力也没有了。而卡金斯基本来想帮她们的忙，可是这种意外的奇遇使他忘记了这一切，只是呆呆地在那里沉思。

卡金斯基从木然呆想中清醒后，向M的母亲询问M死时的情景。M的母亲说：“那是深夜两点钟的事。因为医生吩咐在这个钟点让我儿子喝药，我就把杯中的药用调羹喂他。可是，当调羹中的药送到嘴边时，他已经断气了。他的心脏停止了跳动，药也不能喝了……”卡金斯基要M的母亲表演给他看一下，只见她用颤抖的手拿起调羹，把玻璃杯底的药取出来。这时，和昨夜完全相同的声音在卡金斯基的耳边又叮当作响了。他毛骨悚然，浑身颤抖。

路易斯的预言

1886年出生于英国利物浦的路易斯从小就跟着母亲学习看手相，当他11岁时看手相的技艺已十分精湛。没过几年，年仅十几岁的他就只身远渡重洋到了印度，在那儿花了两年时间专攻秘术。他的一生充满了传奇色彩，而赋予他传奇的就是他所说出的预言。

他从印度回到英国后，在伦敦以看手相谋生。起初生意冷淡，但是有一天他突然在幻觉中窥见了一件谋杀案，连凶手的模样都看得一清二楚。后来，他果真找到了案发地点。当他赶到现场时，伦敦的警察正在那儿进行调查。于是他向警官报告说，杀人犯是个年轻的富家公子，裤袋里有一块金表，而且是被害者的近亲。

第二天罪犯被捕归案，正如路易斯所说，他果然是个年轻的豪门弟子，裤袋里有一块金表，而且正是被害人的儿子。消息传开后，路易斯一跃成了首屈一指的手相家。此后，他每看一次手相，都能得到丰厚的报酬。

路易斯随后成了当时还是王储的爱德华七世的朋友。1902 年 6 月，爱德华宣誓继位，但因病未能加冕。于是他召见路易斯，请他看手相。路易斯看后，让国王不必担心，微恙不久便会痊愈，并预言了国王去世的日期。后来国王真的在那天逝世，事实证明他的预言准确无误。

路易斯还有个朋友叫史德特，是伦敦一家报纸的编辑，终日担心自己死于歹徒之手。路易斯说他不会被人杀死，但将会溺水身亡，并劝告他 1912 年 4 月不要在水上旅行。可是史德特没有认真对待这一忠告，他作为“泰坦尼克”号船上的乘客，1912 年 4 月 15 日这一天随着这艘“冰海沉船”葬身鱼腹。

路易斯许许多多的预言中，最引人注目的是关于意大利国王翁贝托一世的。国王让他看手相，想知道自己的死期。他握着国王的一只手左看右看了半天，最后直言不讳地说，国王将在 3 个月内将被人谋杀而死。事实果然如此，预言后的 3 个月，即 1900 年 7 月 29 日，翁贝托一世国王被人杀害了。

可惜路易斯没能看到自己的命运。1935 年的一天早晨，有人发现他躺在好莱坞的一条岔路上，人们急忙把他送到医院，但他在半路上就咽气了。

厄运之钻

世界上最著名的钻石要属那颗重量为112.5克拉、名叫“希望”的金刚钻了。

“希望”钻石原产于印度，后被偷窃运到法国，由一名宝石商买下。因为这颗钻石太有名了，所以法国国王路易十四知道后便买下了它。路易十四把它琢磨成一块心形的钻石，重量为67克拉，称为“王冠上的蓝钻石”。路易十四逝世后，钻石由路易十六及玛丽·安托瓦内特继承。1789年法国爆发资产阶级大革命，路易十六及王后被送上断头台，“希望”钻石也与其他王室珍宝一同被政府没收封存。

1792年“希望”钻石又一次被盗，曾一度销声匿迹，直到1830年才在伦敦重新出现。此时这颗钻石重量为44.5克拉，由英国实业家亨得·霍普以9万英镑的高价买下，后来由弗朗西斯·霍普继承，但是不久后弗朗西斯·霍普就破产了。

之后钻石流入东欧，一位王子曾把它赠给一位女演员。若干年后，这位女演员被王子开枪打死。后来钻石一度被一名希腊富商占有，但他却在一次可怕的撞车事件中丧生。钻石随后落入土耳其苏丹阿卜杜勒·哈米德二世手中，而他得到这颗钻石才9个月，就发生了1909年由青年土耳其党发动的军事政变，苏丹被赶下台。

麦克林太太是第一个拥有“希望”钻石的美国人。她请人将它制成一串由62颗白钻石组成的项链，并由法国著名首饰匠进行加工。麦克林太太为此付了18万英镑。正当她戴着这串价值连城的项链到处炫耀之时，不想却连遭不幸：两个儿子相继死亡，丈夫得了精神病。

1947年，麦克林太太死后，珠宝商哈里·温斯顿买下她所有的珠宝，其中就包括“希望”钻石。也许是他对前人所遭遇的种种厄运有所忌惮，1958 年他把珠宝全部捐给了美国史密森学会。

总的来说，无论是谁在得到这颗钻石的同时，厄运也都伴随着降临了。

木乃伊的诅咒

埃及是一个神秘的国家，除了有令世人瞩目的金字塔外，还有被人们津津乐道的木乃伊。而在众多关于木乃伊的传奇故事中，最受关注的恐怕就是亚曼拉公主的木乃伊了，因为那是一件充满了诅咒并且会给人带来不幸的不祥之物。

1800 年末，4 位英国年轻人来到埃及。当地的走私犯向他们兜售一具古埃及棺木，棺木中就是这位亚曼拉公主的木乃伊。其中最有钱的那个人以数千英镑的高价买下这具木乃伊，从此，这位在古埃及历史上默默无闻的公主便给许多人带来了一连串离奇可怕的厄运。

买下木乃伊的那位年轻人将棺木带回旅馆。几个小时后，没有人知道为什么，这位买主竟然无缘无故地离开饭店走进了附近的沙漠，从此消失了踪影，再也没有回来。第二天，他的一位同伴在埃及街头遭到枪击，受了重伤，最后不得不将手臂切除。剩下的两个人也都先后遭遇了厄运：其中一人回国后无缘无故地破产；另外一人则生了重病，最后沦落在街头贩卖火柴。

这具神秘的木乃伊后来还是被运回了英国，但沿途依旧怪事不断。运到英国本土后，一位钟爱古埃及文化的富商买下了这具木乃伊。不久后，富商的 3 位家人就在一场离奇的车祸中受了重伤，而他的豪宅也惨遭火灾。在经历了这样的变故之后，这位富商迫不得已，只好将这具木乃伊捐给了大英博物馆。

在载运木乃伊入馆的过程中，载货卡车失去控制撞伤了一名无辜的路人。然后，两名运货工人将公主的棺木抬入博物馆时，在楼梯间棺木失手掉落，压伤了其中一个工人的脚，而另外一个工人则在身体完全健康的情况下，于两天后无故死亡。

后来亚曼拉公主的棺木被安置在大英博物馆的埃及陈列馆中。在陈列期间，夜间的守卫报告说常常在她的棺木附近听见敲击声和哭泣声，连陈列室中的其他古物也常发出怪声。不久之后，一名守卫在执勤时死去，吓得其他守卫打算集体辞职。

因为怪事接连不断，最后大英博物馆决定将木乃伊放入地下贮藏室。事实证明，这一切都是徒劳，因为一个星期还没过完，决定将木乃伊送入地下室的博物馆主管就无缘无故地送了命。

至此，这具充满诅咒的木乃伊已经声名大噪。有一位报社的摄影记者特地深入地下室，为这具木乃伊拍了一些照片，结果却在其中一张照片上洗出了可怕的人脸。

后来的情况如何没有人知道，只知道这名摄影记者在第二天被发现陈尸于自己家中，死因是开枪自杀。

不久之后，大英博物馆将这具木乃伊送给了一位收藏家，这位收藏家当即请了当时欧洲最有名的巫婆拉瓦茨基夫人为这具木乃伊驱邪。在经过了繁杂的驱邪仪式后，拉瓦茨基夫人宣布这具木乃伊有着“大量惊人的邪恶能量”，并且表示要为这具木乃伊驱邪是不可能的事，因为“恶魔将永存在她的身上，任何人都束手无策”。最后，拉瓦茨基夫人给这位收藏家提出忠告：尽快将它脱手处理掉。

但是，到了这个地步，已经没有任何博物馆愿意接受亚曼拉公主的木乃伊了，因为在以往的10年时间里，已经有很多人因为她而遭到不幸，甚至失去了生命。

然而，故事至此并没有画上句号。不久之后，一位不信邪的美国考古学家不顾亚曼拉公主以前的可怕历史，仍然花了一笔可观的费用将她买下，并且打算将她安置在纽约市。

1912年4月，这位考古学家亲自将她运上一艘当时轰动造船界的巨轮，也就是“泰坦尼克”号。为了慎重起见，他还将她安置在船长室附近，希望她能安安稳稳地抵达纽约。可是结果大家都知道，“泰坦尼克”号沉没了。

一战大雪崩

在第一次世界大战期间，意大利为了自己的利益，从同盟国转向协约国，掉转枪口向德国和奥地利宣战。意大利的这一背叛行为使德国和奥地利恼怒万分，恨不得将意大利军一举歼灭。

1916年12月，奥地利的一个师和意大利的一个师为了夺取杜鲁米达山谷这一咽喉要道，展开了一场激烈的争夺战。12月的杜鲁米达山谷寒风凛冽，天寒地冻。双方官兵穿着军大衣，匍匐在冰天雪地里，用冻僵了的手互相开炮、开枪射击。

战斗持续了三天三夜，双方伤亡都很惨重。参战的双方原来共有2.4万人，但现在只剩下1.8万人左右。双方都打红了眼，炮声隆隆，子弹呼啸，山谷两边山腰的雪地上也被炸出一个个大坑。

老天爷似乎有意中止这场战斗，忽然下起了鹅毛大雪，30米开外根本看不清人影。在这种恶劣天气下，双方都被迫停止了攻击。

风越刮越大，漫天大雪在空中飞舞，在零下20摄氏度的酷寒中，双方的官兵都吃尽了苦头。他们不停地搓着手，跺着脚，彻夜不眠，生怕冻死在战壕中。

这场大雪下了四天四夜，山谷两边山头上的积雪更厚了。此时太阳终于露了脸，双方的军队都准备重新展开战斗。他们有的清除战壕里的积雪，有的擦拭大炮，双方都在抢时间，为尽早地向对方发起进攻做准备。

奥地利的军队首先发起攻击，大炮重新发出轰鸣，他们打算一举歼灭背信弃义的意大利人，为阵亡的战友报仇。

时隔不久，意大利的大炮也开始反击了，炮弹不断地落在对方的阵地，意大利的步兵为炮兵的准确射击欢呼雀跃。

激烈的战斗又进行了一天一夜，受尽严寒煎熬、缺乏睡眠的官兵已经精疲力竭。官兵们都在想：再这样对峙下去，非得冻死不可！

奥地利指挥官向部下下达了命令：炮兵进行一番猛烈的轰击后，步兵立即发起冲锋。步兵接到命令后高兴得直跳脚，与其在战壕里冻死，不如冲出去跟那些该死的意大利人拼个你死我活。

指挥官一声令下，奥地利的大炮一齐发出轰鸣，炮声在山谷中震得人头皮直发麻。意大利的大炮也响起来了，轰鸣声似乎要把人们的耳朵震聋，官兵们不由自主地捂起耳朵。

就在奥地利步兵正要发起冲锋之时，阵地后面山顶上的积雪突然发生雪崩，只听得震天的一阵响，两边山头的积雪奔腾着滚滚而下。一刹那的工夫，奥地利军队背后的山谷已被崩塌下来的积雪堵住。这下子奥地利军队没有了退路，只有歼灭意大利军队才能从山谷的另一端冲出去。

奥地利步兵知道自己的危险处境，一个个爬出战壕，踏着齐膝深的积雪，蹒跚着直冲向前。

在这样的气候条件下，防守易于进攻，奥地利士兵的躯体成了意大利士兵射击的活靶，奥地利士兵纷纷中弹毙命。活着的奥地利士兵伏在雪地上，顽强地向意大利军队的阵地爬去。

突然间，又是一阵山崩地裂般的轰响，意大利军队阵地后面的山头也发生了雪崩，一转眼的工夫，意大利军队后面的山谷也被崩落的积雪填死，意大利军队也没了退路。

这下子两国军队的官兵都傻了眼，再打下去已然没有意义，双方都会困死在山谷中。枪炮声突然停止了，战场上死一般的寂静。

意大利指挥官突然猛吼一声：“别打啦，再打下去大家都没活路。我们应当联合起来，开辟一条通道，从山谷里逃出去。”

奥地利指挥官接着喊道：“对，还打什么，大家齐心协力，开辟出一条通道吧。”

他的话音刚落，身后又是一阵巨响，雪崩发生连锁效应，附近的积雪又崩塌下来。此时奥地利的步兵已经冲出战壕，但炮兵和大炮却被埋在 10 多米深的雪下。

奥地利步兵惊惶失措，急忙向意大利阵地跑去，而意大利士兵也不再开枪，让他们跑到自己阵地这边来。

双方的指挥官不再有敌意，他们一起商量着如何撤出山谷。两人略略商量了一会儿，打算让双方官兵一齐动手，赶紧在意大利一方的谷口开辟出一条通道撤出去。

命令刚刚下达，双方的军队还没出发，只听“轰隆隆”一阵震天动地的巨响，意大利这方又发生了雪崩。这下山谷的两头都被积雪堵死了！雪崩不断发生，山谷中的空地越来越小，双方残存的几千名士兵挨肩擦背地挤在一起，只盼雪崩就此停止。

然而不幸的事情还是发生了，两边山头的积雪一齐崩落，将挤在一块的几千人全部埋入雪中。山谷再也没有一个人影，再也听不到一点儿声音。

这次雪崩造成双方共有 1 万多名官兵被活埋，包括他们的最高指挥官。只有 3 名奥地利士兵、2 名意大利士兵被积雪埋得不深，从雪堆里爬了出来，才幸免于难。

事后，人们把这场灾祸归咎于天气。直到第一次世界大战结束以后，才有人把怨恨的矛头指向了这场该死的战争。

船员大冒险

1829年10月16日早晨，一艘名叫“玛梅德”的英国快速帆船载着21名水手，乘风破浪驶出了悉尼港。帆船出发以后，连续4天都是风和日丽的好天气，可是到了第5天下午，乌云密布，天气骤变。入夜，狂风大作，海面上掀起惊涛骇浪。一场大风暴刮翻了帆船，船员全部落水，他们拼着性命同狂风恶浪进行了顽强的搏斗。值得庆幸的是，几个小时以后，筋疲力尽的船员们发现前方的海面上有块突出的礁岩。大家纷纷朝它游去，攀上礁岩，等待救援。

3天后，一艘名叫“斯依芙特修阿”的轮船通过附近海面时发现了遇难者，并把他们全部搭救上船，死里逃生的船员们非常激动。谁知到了第3天，“斯依芙特修阿”也遭到厄运，陷入了强大的海流之中，最终被卷上浅滩，搁浅翻船了。

非常巧合的是，过了8小时，“嘎巴拿·莱迪”号船从浅滩旁驶过，救起了两艘失事船上的船员，但是灾难并没有停止。“嘎巴拿·莱迪”号仅航行了3个小时，船上就突然发生火灾，熊熊烈火吞噬了一切。船员们乘救生艇仓皇逃命，他们在大海上漂流，又冷又饿。突然有人喊了起来，原来一艘澳大利亚政府的独桅快艇“库梅特”号正朝他们驶来，船员们再一次获救了。

船员们以为从此没事了，可是没多久，“库梅特”号也遇到风暴在海上沉没。命运似乎没有停止对他们的戏弄，18个小时之后，在海上挣扎的遇难者们又奇迹般地被邮船“丘比特”号发现救了起来。人们以为这次彻底摆脱了死神，可出乎意料的是，“丘比特”号又撞上了暗礁，15名船长和123名船员全都落入水中。

绝望之际，救星再次出现！英国客船“希蒂·奥普·里兹”号正好经过附近海面，船员第5次被救起。

在不到2个星期的时间里，船员们连续5次遇难，5次获救，而且没有一个人死亡，这真是太不可思议了！

更令人吃惊的是，在“希蒂·奥普·里兹”号上有个身患重病的妇女，生命垂危，她在弥留之际频频呼唤儿子的名字。医生见状，想找人顶替她的儿子安慰病人。就在这时，船员中有人自称是妇人的儿子，而妇人也一眼认出眼前的正是自己阔别多年朝思暮想的亲骨肉，顿时病情大愈……

电影灾难场景成真

不知道是不是巧合，在专门拍灾难电影的编剧兼制片人艾伦所拍摄的每一部灾难片上映时，都会发生同类灾难。

例如，他的电影《海神号遇险记》描写的是大邮轮“海神”号在新年前夕遭遇大风浪，船被整个翻了过来，船上大批乘客千方百计逃生。其中，以牧师吉恩·哈克曼为首的一组人齐心协力越过重重障碍爬到水面上，成为少数战胜灾难的生还者。这部影片是在1972年下半年上映的，同年英国豪华邮轮“伊丽莎白皇后”号沉没。

1974年上映的《冲天大火灾》描述摩天大楼失火，而这一年巴西有3幢摩天大楼发生火灾。

而在1980年，他所拍摄的火山灾难片《火山爆发》上映时，美国华盛顿州的圣海伦斯火山爆发。美国西北部华盛顿州的圣海伦斯火山是旅游者熟悉的景点之一，圆锥形的峰峦及其颇具特色的雪冠隆起在一片美丽的森林景观之上。1980 年 3 月 18 日，圣海伦斯火山永远地改变了它的外貌。人们已预料到该火山可能要喷发，因为几个月来火山一直隆隆作响，上空还不时出现小片水汽和火山灰云。但没有人预料到，圣海伦斯火山喷发会带来如此巨大的灾难。火山爆发时，整个山顶都被掀掉了，只留下一个巨大的裂口。火山灰和有毒气体横扫整个风景区，沿途一切荡然无存。火山峰冰雪融化，挟带碎石、泥沙的水冲入山下谷地。洪水摧毁了桥梁，冲走了房屋，但令人惊奇的是只有 63 人死亡。

我们真的不知道该如何解释这些事情，但不可否认的是，这些让艾伦成了一位“招灾电影”的制造者。

最倒霉的船——“沙恩霍斯特”

“沙恩霍斯特”号巡洋舰是希特勒征召科学家们尽全力建造的一艘 4 万吨级的战舰，舰上配备最新式的电子装置，其航速之快、战力之强，连当时世界上最庞大的英国舰艇也无法相比，堪称“海中之工”。

可是谁也没有想到，就是这艘巨舰从开始建造直至最后毁灭，倒霉的事却接二连三地不断发生。因此，它是德国军队最忌讳的，也被人们称呼为世界上“最倒霉的船”。

在该舰工事进行到 2 / 3 时，舰体无缘无故地突然断裂，造成在场的 61 人死亡，110 人受伤。就在舰体重新建造完毕，计划要举行下水典礼时，这艘倒霉的

“沙恩霍斯特”号巡洋舰却在前一天晚上神不知鬼不觉地自己离港了，还撞坏了两艘浮船。

在炮轰尚未反击的“但吉号”时，“沙恩霍斯待”号上的舰炮炮门又突然破裂了，造成9名水兵死亡，11名炮手因炮塔的换气装置发生故障而全部丧生。

在同英国海军交战时，“沙恩霍斯特”号遭到英军“奥斯陆”号舰的猛力炮击，官兵死伤惨重，同时舰上又严重失火，几乎导致沉没。在友舰“达奈杰纳”号的大力协助下，它好不容易脱离危险，而勉强停泊在耶鲁贝港时，却又被在黑夜中误行航路的“布莱蒙”号舰撞了个正着。“布莱蒙”号因此沉没，而“沙恩霍斯特”号也严重受损。

精心修复后的“沙恩霍斯特”号刚驶出耶鲁贝港不久，又遭到英国舰队劈头盖脸的轰击，这次它终于彻底葬身于北海之中。舰上仅有两人乘橡皮艇逃离劫难，其他官兵全部阵亡在冰冷的北海上。数月后，人们发现他俩已死在漂浮到海岸边的皮艇上。

“9·11”之前，美国曾计划恐怖袭击演习

2001年9月11日上午，来历不明的恐怖组织向美国大都会纽约和首都华盛顿展开有系统、有组织的恐怖袭击行动，以其劫来的飞机和炸弹攻击纽约世界贸易中心和华盛顿一带的政府机关，美国政府几乎陷入瘫痪状态。世界贸易中心两座塔楼在爆炸起火后相继倒塌，死伤惨重；首都政府机关被炸后冒起浓烟，情况危急。与此同时，同样位于美国东岸的宾夕法尼亚州西南部的匹兹堡有一架联合航空

公司的巨型客机离奇坠毁，但详情未明。

可是又有谁知道，美国一个情报机构——国家侦查局曾经在“9·11”袭击发生前准备进行一次飞机撞大楼的演习，以检验下属对突发事件的应对能力。报道说，按照国家侦察局领导层的设想，当天早晨，一架出了机械故障的小型飞机将撞向他们位于弗吉尼亚总部四座大楼中的一座，对大楼造成一定的破坏。当然，他们不会出动真的飞机，但为了模仿撞楼造成的破坏，他们将封闭一些楼梯以及出口，让雇员们自己想办法逃生。

国家侦查局发言人表示：“很难相信会出现这样的巧合，几架飞机真的撞向了我们的大楼。当真的袭击事件发生后，我们立刻取消了此次演习。”

该发言人还表示，为了进行此次演习，他们已经筹划了好几个月的时间，但按照他们的设想，恐怖分子不会在其中扮演任何角色，这将仅仅是一个意外而已。

可是没想到的是，惨剧真的发生了。

恐怖跑车

这辆被人称之为被诅咒的跑车的第一个主人是美国电影明星詹姆斯·迪恩。年轻的詹姆斯·迪恩在加利福尼亚学习表演和法律时，因偶然在一个电视节目中表演了一次而走红，随后他离开加利福尼亚去了纽约，在百老汇名声大噪。他轻柔自然的表演打动了华纳兄弟娱乐公司，他们与迪恩签了电影协议。到1955年车祸去世之前，迪恩一共出演了三部影片，分别是《伊甸园之东》、《无因的反抗》和《巨人》，其中两部是在他死后才放映的。这些影片赢得了广泛的好评，让美国人首次看到了“另一种风格”的表演。艺术家沃赫尔·安迪称，迪恩“是我们那个年代被损坏却又美丽的心灵代表”。

1955年，詹姆斯·迪恩驾驶自己的名牌跑车兜风时死于车祸。他那辆被撞毁的跑车后来被拖到了一个修理厂里，在拆卸过程中，用千斤顶支撑着的车突然坠地，砸断了一名修理工的腿。

该车的发动机后来被卖给了一名医生，这位医生将发动机安装在了自己的赛车上。可奇怪的是，这名医生后来开着赛车比赛时也死于车祸。正因为如此，所以有些人觉得詹姆斯·迪恩的这辆跑车非常邪门，会给人带来灾祸。不过，大多数人并不信这个，而且因为这是明星的车，所以还是有很多人愿意买这辆跑车的哪怕一个零部件。

可是不久后，另一名购买了迪恩报废汽车方向轴的赛车手也死于车祸。迪恩汽车的外壳被人用来展览，然而展厅却突发火灾，事故原因一直不明。还有一次，汽车外壳从展台上坠落，砸碎了一名游客的臀骨。这个时候，大家才相信这辆跑车真的是被诅咒的。

主教预言自己死亡日期

2002年9月23日早上7点5分，天主教香港教区枢机主教胡振中因患骨髓癌在香港玛丽医院病逝。原助理主教陈日君即日接任香港天主教教区主教一职，胡振中的丧礼被安排在9月28日举行，遗体安葬跑马地天主教坟场。

对于胡振中枢机的逝世，时任行政长官董建华深感痛惜。他赞扬胡振中毕生献身天主教，为教友奉献力量，造福社群，还代表特区政府向天主教徒致以深切慰问。

已退休的陈子殷神父主持弥撒时，透露了胡枢机生前一件事。他说：“胡枢机有很强的预知能力。他曾经跟同僚说，香港以前的两位华籍主教徐诚斌以及李宏基，先后于5月23日和7月23日病逝。按次序排列，自己或将于9月23日死去。”

结果，胡枢机真的在自己预言日子逝世，巧合得令人难以置信。而且，香港过去五位教区主教均在以“3”结尾的日子逝世。最奇妙是，连同刚离世的胡振中在内，历任3位华籍主教均在“23日”魂归天国。

以下香港过去五位主教的逝世日期：

第一任恩理觉主教殁于9月3日；

第二任白英奇主教于2月13日逝世；

第三任兼本港教区首位华人主教徐诚斌殁于5月23日；

第四任华籍主教李宏基殁于7月23日；

第五任主教胡振中枢机殁于9月23日。

而刚接任主教一职的陈日君的生辰是在13号。这究竟是怎么回事呢？它们之间是不是有着某种联系？

死亡之桥

在美国加利福尼亚有这么一座桥，一家三代人都在此桥上遇车祸丧生，因此人们也叫它“死亡之桥”。

1957年，家住美国加利福尼亚的比辛格准备出去办事。他在出门的时候还与家人微笑着说再见，但就在走过家附近的一座桥时，一辆汽车突然失去控制，当场把比辛格压死。面对他的突然死亡，家人感到悲痛万分，好好的一个活人转眼间就与家人生死相隔了。

2 年后，他的儿子希拉姆准备出去给家里人买一些日常用品，顺便给自己的儿子戴卫·威斯勒买生日蛋糕与生日礼物。儿子在他出门前还期待地对希拉姆说，自己希望生日礼物是一辆遥控玩具汽车，希拉姆答应了。

可是，当他走过两年前父亲被车压死的那座桥时，心神突然恍惚起来，好像有种神志不清的感觉。他想，也许是自己有些累了。就在这个时候，他听到后面一辆卡车突然刹车的声音，接着，他就什么也不知道了。当他苏醒过来的时候，周围已经围满了人，当然还有他的儿子戴卫·威斯勒。他艰难地睁开双眼，抱歉地对戴卫·威斯勒说：“对不起，儿子，我可能无法满足你的生日愿望了。我……”话还没有说完，希拉姆就永远地闭上了眼睛。

6 年后，比辛格 14 岁的孙子，也就是希拉姆的儿子戴卫·威斯勒在桥上玩耍。这时一辆小汽车高速驶过，威斯勒避让不及，就这样他也被压死了。祖孙三代都因车祸丧生于这座大桥，还有什么比这更巧合的吗?

世纪大预言

在 16 世纪，一位名叫诺斯特劳姆的人也有过几次闻名天下的预言。

诺斯特劳姆是一个非常聪明且具有预见性的人，他预言 1666 年伦敦将发生一场大火。后来这年伦敦果然烈焰冲天，全城几乎化为灰烬。这样的巧合使得诺斯特劳姆为世人所知，而这年也刚好是他去世一百周年。

1558 年 7 月 27 日，在给国王亨利二世的信中，诺斯特劳姆预言了一次反对教会的起义。他指出："起义将于 1792 年发生，到那时每个人都认为它能革新时代。"这一事件真的发生了，并且导致了 1792 年法国南特市的暴行。当时，1000 名反对革命者的市民或被送上断头台，或被剥光衣服淹死在卢瓦尔河中。预言里说"南特市的哭泣和呻吟，令人惨不忍睹"，而事实的确如此。

诺斯特劳姆还能对自己的未来未卜先知。他预言了自己会在 1566 年去世，而且曾要求他的一个朋友给他刻一块石碑，到时与他一同下葬。石碑上刻了什么只有他们俩知道，而朋友在他死后也没有公布石碑上的字。

人们的好奇心与日俱增，到了 1770 年，人们决定掘开他的墓看看。墓穴打开后，在场的人都面面相觑、惊诧不已，因为石碑上刻的正是"1770"这几个数字。原来他早知道自己的棺木将于这一年被人打开，这真是太神奇了。

被忽视的预告

有时，一些灾祸发生前已出现了相关的预告，但这些预告常常被人们忽视，甚至连预告者本人也可能没有意识到这就是命运的预言。把自己的命运与"泰坦尼克"号连在一起的英国著名记者史狄德，曾写了一篇客船撞击冰山的小说，讲述了撞击冰山的客船因携带救生艇不足而最终酿成悲剧的故事。作者在小说的最后还加了一段预言性的话："如果客船没有配备足够多的救生艇出海航行，那么这样的事故就说不定真的会发生，不，是肯定会发生。”

显然，史狄德心里已有预感，但他是否预知了自己的未来还不能确定。事实上，在“泰坦尼克”号事件中，正是携带的救生艇不足而使很多人遇难。史狄德小说里的事情真的变成了现实。可悲的是，史狄德自己也是遇难者之一。

1978 年 12 月 6 日，苏格兰报纸刊登了标题为《预言者无票乘车》的消息，内容是威尔士一名失业的预言者爱德华·皮尔逊（当年 43 岁）12 月 4 日乘坐从因弗内斯到珀斯的火车，因没有买票受到州法院起诉。据说他乘火车的目的是去找环境大臣，报告格拉斯哥将受地震袭击的消息。

显然没人相信地震会发生，因为英国发生地震是很罕见的事，这不过是失业者无票乘车的一个借口而已。可是，几周后的一个夜晚，大地震果真袭击了格拉斯哥，并对苏格兰各地的建筑物造成巨大损害。预言者爱德华·皮尔逊因此成为大名人。

汽车连环杀人事件

世界上杀人最多的汽车，是一部有着鲜红色座位的车。它不仅引发了第一次世界大战，而且接着又使 16 人丧命。这辆车是特别为奥地利大公爵法兰兹·斐迪南制造的。

1914 年 6 月 28 日，大公爵夫妇坐在这部崭新的车子里，慢慢行进在波斯尼亚首府萨拉热窝的大街上。忽然一个年轻人拿着手枪从一个门里跑出来，跳到车子旁边的踏板上，朝车内连发数枪。待卫兵们把刺客打倒在地，大公爵夫妇均已死去。

这对皇族夫妇的死成了第一次世界大战的导火线，数千万人在这场战争中死去。虽然这不能归咎于车子，但此后但凡与它接触的人均遭受厄运，这就有些不可思议了。

在欧洲开战之后一个星期，奥地利的布狄洛克将军占领了萨拉热窝的总统府，他也因此得到了这部车子。但他在21天之后，就在华里也和战役中惨败，不但失去了职位，被调回维也纳，而且成了一个贫穷的人，后来死在穷人收容所里。

布狄洛克失职之后，这部车子转而到了他手下一个上尉的手里。上尉在一次高速行驶中撞死了两个农夫，他自己也撞在一棵树上身亡。

停战后，新任南斯拉夫总督成为这部车子的新主人。他下令把它修好，翻新到一流状态。但是在4个月之内，这部车连续发生4次事故，在第4次事故中，总督失去了右臂。

总督下令要把这辆车毁掉，但是一位名叫史尔基斯的医生却偏偏想得到它，他根本不相信有关此车的不祥之说，因此他几乎是免费得到了这部车。然而，医生找不到人愿意当他的司机，所以他只好亲自驾驶，并且在之后的6个月里一直平安无事。后来有一天早上，这辆车被人发现翻倒在路边，只是略为损坏而已，但医生却死于车旁。

医生的遗孀把车子卖给了一位富有的珠宝商，珠宝商仅用了一年就自杀身亡了。

接下来的车主也是一位医生，他的病人知道他买了这辆车后，都因害怕遭遇不测而不再找他就诊。医生只得把车转卖给一位瑞士赛车手。这位赛手在驾车参加山间的车赛时被抛了出来，撞死在一堵石墙上。

这辆车又转而到萨拉热窝一位富农手里。他把车修好，开了几个月都没出事。有一天，车子忽然在路上停下来不动了，他请一个农民用马车把车拖回城里。没想到汽车刚被系在马车上就自己开动了，并把马和马车撞开沿路下冲，在一个急转弯处翻车并把农民轧死了。

之后接手这部车的是一个修车铺的老板，他把这辆车修好后漆成蓝色，但因为卖不出去，所以只好自己驾驶。一天，他用车载着6位朋友去参加一个婚礼，路上他想提速超过另一辆车，结果却导致撞车并死了4个人。

此后，这辆车由政府出资修好并放入维也纳一家博物馆里，再也没人坐过。第二次世界大战时，盟军飞机轰炸了博物馆，这辆车子也不复存在了。

父女死于同一铁道口

家住在英国埃塞克斯市的利莎·波特从小就失去了父亲，可以说是一个非常不幸的孩子。在她很小的时候，父亲有一次外出办事，为了能节省点时间，便走了一条近路回家。这么走必然会经过一个铁道口，其实每天都有很多人在此处穿行，父亲也几乎天天从这里走。这一天父亲像往常一样，在经过铁道口时向远处张望了一下，没有车驶来，于是准备通过。突然，父亲的一只脚陷进了铁道口的一个裂缝里，很难拔出来，而这时远方呼啸的火车正向这边驶来，父亲没能在最后的时刻拔出脚，当场死亡。由于父亲的意外丧生，利莎·波特几乎靠母亲一人辛苦抚养长大。虽然缺少父爱，但利莎·波特的性格却并没有因此而变得忧郁，相反，她似乎有一种超强的忍耐力，非常的坚强。就连她的母亲有时候都很佩服自己的女儿，因为母亲在遇到困难的时候都会很脆弱。她的母亲一直以来都没有忘记自己已经去世的丈夫，因为身边的女儿是那么酷似自己的丈夫，而母亲也一直没有改嫁，她只希望利莎能健康快乐地成长。

利莎·波特就这样在只有妈妈的呵护下慢慢长大，现在的她已经是一个大姑娘了，能帮助妈妈分担很多生活中的事了。1995年8月的一天，利莎·波特与母亲一起走过埃塞克斯莫茨线铁路的铁道口。这个铁道口正是当年父亲出事的地方，面对此情此景母亲很伤感，虽然这件悲伤的往事早已经随着岁月的流逝有些淡忘了。她的母亲说：“利莎，你的父亲 11 年前正是在这个铁道口被一辆路过的火车轧死的。你肯定不记得了，因为那个时候你还非常小。可是我一直都记得，我不想从这里穿过去，我们换一条路走吧。”利莎·波特说：“妈妈，别害怕，都已经过去这么多年了。当年只是一个不幸的意外，再说，爸爸的在天之灵也会保佑我们的。我们过去吧。”可是，利莎的母亲拒绝了。因为当年那悲惨的一幕至今还让她沉浸在痛苦之中，丈夫的去世把这个家推向了艰难的境地，她坚持要改走另外一条路。

但是，利莎·波特觉得如果改走另外一条路的话，虽然能回家，可是会浪费很多时间，没有那个必要，这条近路就在眼前，多好啊，她的这种想法和当年父亲的想法出奇的一致。当年要不是丈夫为了节省时间走这条近路，能出现这样令人终身遗憾的悲剧吗？母亲越想越害怕，似乎感觉到有一种死亡的阴影在笼罩着她，她坚决反对女儿的想法。而此时已经长大的利莎早已有了自己的见解，她觉得这是母亲潜意识里的恐惧在作怪。父亲死亡的阴影一直没能从母亲的生活中消失，这是她从小到大一直看在眼里的。利莎认为要消除母亲的恐惧心理，帮助她恢复健康的心态，自己就应该先穿过铁路，证明给母亲看。于是利莎·波特说：“妈妈，这样，我先过去。你再接着过来。”于是她向铁路走去。此时，好像有什么东西堵在利莎母亲的嘴里，她很焦急却一句话也说不出来，只能看着利莎去做。

然而就在此时，一辆列车突然驶来，将利莎撞死在铁道口。利莎·波特的母亲亲眼看到女儿惨死，当场晕过了去，再没能醒过来。丈夫和女儿都没了，可能她也不愿意一个人面对孤苦的生活吧。

这个令人落泪的惨剧真实地发生在英国的埃塞克斯莫茨线铁道口，有人说，也许是利莎的父亲爱女心切，想把她带走吧。

五名法官巧合死亡事件

布莱克曼是英国伊斯特本的劳工领袖，因为与妻子性格不合而离婚。离婚时法院要求布莱克曼付钱赡养妻子，但是布莱克曼一直不肯付钱赡养妻子。他觉得既然已经离婚了，就应该自己养活自己，怎么能再让他付钱赡养呢？这太不公平了。布莱克曼的妻子因此上诉法院，而离奇的是，那些判他付钱的人一个个都遭到了厄运。

布莱克曼坚决拒付赡养费，所以在 1922 年 4 月首次遭到起诉，并被判入狱。审判他的一名地方法官名叫杜克，不久就去世了。

出狱后的布莱克曼仍然拒绝付钱，因而再遭判刑。聆讯后，地方法官莫林诺斯郎莫名其妙地得了重病，很快也去世了。

布莱克曼第三次为此事出庭受审时，在宣判后几分钟，地方法官法内尔突患脑溢血，不省人事，就此与世长辞。

布莱克曼仍坚持自己的观点是对的，就是不付赡养费，于是又于 1923 年 10 月在伊斯特本郡法院由法官麦卡尼斯审讯。他再度入狱，而这位法官不久后就死亡了。布莱克曼出狱时，正赶上这位法官的葬礼。

1924 年 7 月末，布莱克曼五度被判刑，他让法院的人伤透了脑筋，而审讯此案的一名地方法官赫尔比也在 2 个月后没有任何征兆地死了。

有记者因此采访了布莱克曼，问他为什么会有如此奇怪的事发生，这些事情是不是与他有关。布莱克曼就5名法官的死亡事件表示说：“那可能只是个无意义的巧合，我对他们绝无半点恶意。这些事情跟我没有任何关系。”

第八章
飞来横祸

人要是走起霉运来，吃豆腐都能被噎着。这话一点也不夸张，在现实中确实有许多这样的倒霉蛋，倒了霉后都想不明白到底是怎么回事，因为一切来得都太突然了。佛家讲，霉运好运都是自作自受，自己种何因便得何果，仔细回想自己最近或从前的造作，便不难得知如今之结果。真的是这样吗？

鱼雷闹“乌龙”

这是发生在第二次世界大战中的事。那天天色微明，一艘美国“唐格”号潜艇收到美国海军司令部的作战指令，从珍珠港出发，神不知鬼不觉地驶入太平洋东面海域，准备对担任繁重运输任务的日本舰船进行伏击。

由于对这一水域里隐伏着的凶猛“海鹰”没有防备，日本运输船队接连有13艘船被不知来自何方的鱼雷击沉。

而这威力巨大的鱼雷正是由水下潜艇“唐格”号发射的，它的命中率几乎百分之百！“唐格”号简直就是美国海军的秘密武器、制服日本舰船的“魔鬼”！

潜艇上的全体官兵个个喜形于色，脸上露出胜利的欢笑和自豪。

只有船长默不作声，保持着往日的冷漠与严峻，看着官兵们有说有笑也不插话、不干涉。他暗暗祝愿这些年轻勇敢的海军官兵永远幸福快乐！

他的祝愿完全是出自对官兵的爱护，然而谁也料不到1分钟之后却出现了怪事。潜艇突然发出了警报，水面上出现了一艘日本运输船，正悄悄地越过太平洋东南水域。“唐格”号从深水层一连发出了数枚鱼雷，鱼雷穿过黑黝黝的深水区，贴着水面向目标疾飞而去。按照船长的命令，“唐格”号又浮出水面，向目标发射了第二批鱼雷。不知是天意的安排，还是死神在作祟，海面上忽然出现了世间罕见的奇象—— 一只飞向日本舰船的鱼雷猛然掉头，打了一个180度的大转弯，像条凶猛的鲨鱼一般朝着“唐格”号飞驰过来！

船长立刻命令全体官兵采取防范措施，可还是晚了一步。正当潜艇开始偏离原先的航道朝左面离开时，鱼雷已经撞上潜艇的尾部，发出了猛烈的爆炸！

“唐格”号严重受创，接近尾部的三个舱室都涌进了水。潜艇操纵失灵，船身迅速下沉。负伤的官兵迅速离开自己心爱的战船跳入大海，随波逐流，不知去向，最终他们中的大多数葬身大海，有幸生还的只有十名。这枚鱼雷之所以敌我不分，也许是因为方向系统出现了“错乱”，就像一个人的大脑神经发生错乱似的，这才造成了如此令人震惊的人间悲剧！

疯狂的子弹

1967年娜沙·麦克尤芬刚好17岁，在那年7月8日早上，她开着一辆卡罗马轿车正以每小时72千米的速度行驶在美国布鲁克林城外的一条高速公路上，赶着到父亲的建筑公司去参加暑期实践。8点40分左右，一场原本不应该发生的悲剧发生了。她开着车子驶过波洛米海滩，刚要驶向岔道时，她的头部挨了重重的一击，整个人顿时歪倒在驾驶座上，不省人事。失去控制的轿车好像一匹脱缰的野马冲向了公路旁的灌木丛中……一位上班的工人开着汽车从后面赶到，他设法叫来了一辆救护车，把姑娘送进了医院。然而已经迟了，医生采取了一切急救措施也没有将她从死神手里夺回来。10点15分，医生宣布娜沙·麦克尤芬死亡，死亡鉴定书上写着：死者左脑勺上有一无血小弹孔，系遭来福枪子弹袭击而亡。

布鲁克林城的侦探长西德曼和他的同事们在出事地点转了三天，也没有找到那颗罪恶的来福枪子弹壳。他们有足够的理由推翻医生的结论：因为娜沙的汽车时速为72千米，即使是神枪手也难以从车外准确击中娜沙的头部，除非凶手的车子与娜沙的车子同速并行。而据那位帮忙救助娜沙的工人讲，当时除了他的车子在姑娘的车后行驶以外，公路上并无任何车辆。再说，娜沙车子的所有车窗都关得严严实实，完好无损，如果医生的鉴定准确，那么只有车前的反照镜可能是子弹的唯一入口了。也就是说，凶手是从姑娘轿车的左前方向她射击的，而轿车的左边是茫茫的波洛米海滩和一望无际的波洛米海湾……总之，可能射出子弹的地方实在太少了，但凶手在哪里呢？西德曼两眼盯着办公室墙上的布鲁克林城大地图，他朝地图的下半部任意一指，决定这里开始搜查。

西德曼手指的地方是布鲁克林城的雅各布斯区域，它位于出事地点前面约 1.6 千米，子弹是绝对不可能从那个方位射来的。侦探们明知西德曼是漫无目的地乱折腾，但却不敢违拗他的指令，一场稀里糊涂的搜查就这样开始了。

第二天上午，两名侦探来到莫比尔车站，车站办公室里有个四十开外的男人正在算账，他叫西奥多·迪利塞。

“喂，你有没有一支来福枪？”侦探们例行公事地问。

“来福枪？对了，有一支。”迪利塞答道。

“有个叫娜沙的女孩被人用来福枪杀死了，你知道吗？”

“知道，电视上都播放了嘛。唉，娜沙这孩子可惜了，她和我还做过邻居呢！”迪利塞惋惜地说。

“是吗？”

“嗯，那是住在北坤斯的时候！所以，所以我总觉得，娜沙可能是被我打死的。”

“怎么回事？”两名侦探瞪大了眼睛。

迪可塞慢慢地放下账册，向侦探们讲述了这样一段经过：6 月底，迪利塞和其他两个人合买了一条船，打算利用假期去洛克韦海湾捕鱼，同时又买了一支来福枪，那是用来对付鲨鱼的。7 月 8 日是个捕鱼的好天气，他们的船缓缓地驶过洛克韦海湾航道上的七号浮标，进入了海洋。

突然，迪利塞看见一只啤酒罐头漂浮在七号浮标旁，他就举枪瞄准，一枪命中。他得意扬扬，对着那只在水中打转的罐头又打了一枪。可是第二枪并没有打中罐头，子弹拍打水面漂射出去，与水面之间构成了一个钝角。速度如此之快的子弹却没能打入水中，水面似乎成了一块坚硬的钢板。子弹“扑”的一声朝北飞去，以离水面约 1.2 米的高度越过了洛克韦海湾，并以同样的高度飞过沙滩，穿过洼地和波洛米海滩的芦苇丛，越过停车场和环形大道，当它接近鲜黄色轿车时，已离小船很远了。子弹开始减速，如果娜沙轿车左边的反照镜是关上的话，那么子弹就会被撞落，然而事实却与此相反，子弹的余力打穿了娜沙的左脑勺……西德曼侦探长和他的同事们经过周密的调查取证和模拟实验，证明的确是迪利塞闯的祸。但是法庭无法追究迪利塞的刑事责任，因为这次意外事故在国际上是绝无仅有的，实属罕见。

亲姐妹的车祸惨剧

这对姐妹是居住在美国阿拉巴马州的多里斯和谢拉。她们的感情十分深厚，小时候两人一起上学，一起下课，一起上床睡觉，形影不离，无论买什么吃的穿的，都是一人一份，两人好得就像一个人似的，有人欺负其中一个，另外一个绝对会出面。爸妈说她们两个是影子姐妹，邻居们也说很少见过关系这么好的姐妹。

两人渐渐长大，出嫁后住的地方离得也比较远，而且都有自己的公司和各自的儿女，因此她们很少有时间能在一起。虽然如此，她们还是会忙里偷闲，抽空去找对方。

这一天是星期天，多里斯突然很想见妹妹。她想，自己都快一年没有见到妹妹了，不如现在就去找她，先不给她打电话，给她一个惊喜。于是，多里斯化了个淡妆，穿上妹妹最喜欢自己穿的衣服，收拾好东西，准备出门。提着手提包的多里斯快出门时才对正在看报纸的丈夫说："我要去拜访一下我妹妹，我突然很想见她，孩子就由你照看了。"丈夫爽快地答应了，并且说了声："路上开车小心呀。"当孩子吵着也要去时，多里斯拒绝了。

于是，多里斯开着汽车从家中出发，沿着 25 号公路朝妹妹家中行驶。巧的是，妹妹谢拉此时也很想见姐姐，也开着车去姐姐家并且事先没有告诉姐姐，她也想给姐姐一个惊喜。然而，就在姐妹俩的车即将相遇之时，她俩的车子不知怎么回事，突然就碰到了一起，姐妹俩当场死亡。

兔子杀了猎人

南淮滨县马集镇上有个叫王冬才的农民，打小便练就了一手好枪法，不管天上飞的还是地上跑的，都是一枪一个准儿，所以远近的人都称他是个打猎好手。每当麦收季节王冬才便扛着火药枪在村外地里转悠，时不时打些野味回来打打牙祭。

一天正午，有人从田里收工回来，告诉王冬才田边有些山雀子在抢麦子吃，赶也赶不走。他闻听之后便赶到田边，果然看见山雀在争抢麦穗，叽叽喳喳闹得正欢。

王冬才找到一条田沟边蹲下，小心地端起枪，把眼一眯，正要扣动扳机，猛听得身边的田沟里一阵躁动，那些山雀子一见有动静，便飞了个精光。他暗骂一声，操起枪管往田沟里探了探，冷不防一个灰影子蹿了出来，一蹦蹦到另一个田沟里。想探个究竟的王冬才一边想一边往另一个沟里摸去，不一会儿就在沟底找到一只身圆腿壮的大灰兔。他一阵狂喜，心想：这可是难得碰上的好猎物，不能让它给溜了。谁想端着枪的手因为太兴奋竟发起抖来，结果枪子是打出去了，可惜失了准头，没打中要害。

那兔子耳朵上挨了一枪，便不顾一切地从沟里跳了出来，撒开腿没命地逃，偏又窜错了地方，一不小心扎进了田边的一口废枯井里。王冬才一见，乐得连嘴都合不上了："这兔子今儿个我可吃定了！哈哈，看你还往哪儿逃？"他匆匆赶到井边，往里一瞧，更高兴了。原来那井底离井口足有两米深，兔子在井底的烂泥里扑腾了半天，非但没有跳出来，还把四只爪子给陷了进去，任它怎么折腾，愣是挪不了地方。

王冬才抬头见井边有一破水桶，赶忙找来一段粗麻绳绑上，想把那兔子捞上来，无奈那兔子也机灵，四只爪子乱扒乱踢，就是不肯进到桶里。

火辣辣的太阳晒得王冬才浑身上下直冒汗，又热又渴，可那兔子硬是不肯就范，急得他火冒三丈，把衣服脱了甩在一边，跟这只兔子较上了劲，他提了那桶又往里捣弄了一阵。就这样折腾了好一会儿，人和兔子都没劲儿了。王冬才仍不死心，往井边一蹲，暗自寻思起来。

突然，他的眼光落在了那把心爱的火药枪上，不由心生一计：这枪身再加上手臂的长度倒可以够着那只兔子，不如先用枪托把它砸昏砸死了，再捞时可能就省劲多了。

想到这里，王冬才拎上枪又来到井口，把枪倒转了过来，枪托朝下枪口朝上，伸出大半个身子往里一探，结果刚好够着那兔子。

王冬才这下又来了劲头，把枪上上下下提起撞下，往那兔子身上狠劲地砸。那兔子没头没脑地挨了一顿枪托，吃了痛，再加上耳朵上的枪伤时时发痛，早已是晕头转向，身子在井底里滚了一滚，就把肚皮翻了上来，四只爪子朝天乱舞。眼见这兔子四只爪子越舞越慢，就快断气儿的当口，王冬才发了狠劲儿：给它下巴上再来一枪托，送它上西天吧！

那兔子本来已是奄奄一息了，下巴上猛地吃了一记痛打，反而发着狠劲儿把两只前爪子蹬了出来。这兔子猛一蹬腿，不偏不倚刚好踢在了火枪扳机上，还未等王冬才有所反应，“砰”的一声，要命的枪子便飞了出来，正好打中他的脑门，他当场就丧了命。就这样，一个枪法惊人的猎手竟死在了一只野兔的手里。

倒霉的间谍

第一次世界大战期间，间谍彼得·卡尔平受命潜入法国。他一边干着一份工作(工作只是为了掩人耳目)，一边寻求各种情报。就在他以为可以顺利完成任务时，却因同事告密被法国情报部门逮捕。当然，这些他是后来才知道的。被逮捕后的彼得·卡尔平一直不肯交代己方的情况，更不肯说出他已经获得的有关情报，于是法国情报部门一直对他不客气。

卡尔平在受尽了苦头后，最终还是老实地交代了一切，因为他觉得这样子耗下去是没有任何用处的，或许交代了之后还能够有其他的出路。

卡尔平被捕之后，法国方面一直封锁他被捕的消息，造成他还在法国工作的假象，以至于他的薪水从来没有间断过。但是，卡尔平的薪水却被一位法国官员没收了，他还用这些钱买了一辆汽车。这辆汽车很酷，法国官员非常喜欢它，他经常开着这辆汽车到处兜风。这一天，他像往常一样开着这辆汽车出门，天气非常好，这让他心情顿时开朗了许多。不过，战争的阴影并没有彻底消失，而且到处不平静的战争状态也让他感觉自己的心非常不平静。当他开到一个拐角处，由于来不及刹车，撞死了迎面走来的一个人。这个官员赶快下车看究竟是谁，结果他惊讶地发现，这个人恰巧就是彼得·卡尔平。

痴情女跳楼撞死变心郎

这是一个真实的故事，它发生在捷克首都布拉格，故事中的女主人公是一名家庭妇女，叫作维拉·捷马克，她的丈夫在一家知名度很高的公司上班。由于丈夫工作出色，经常得到老板的嘉奖，因此他们的生活过得相对富裕，维拉也不需要出去工作。就这样，她在家里当起了全职太太，每天就是给全家人做做饭，收拾一下屋子，整理一下房间而已。由于长期脱离社会这个大的工作环境，她变得不再像以前那样聪明漂亮，每天和家里的佣人一样，渐渐地与丈夫的关系也日趋紧张起来。有一天，她在整理卧室时发现了一个非常漂亮的信封，她很好奇，于是决定打开看看。结果她发现里面有一张女人的相片，这个女人长得非常漂亮，可是自己并不认识她，丈夫是从哪里拿来的？里面还有一些信，是这个女人写给自己丈夫的。维拉浑身颤抖着把这些信件看完后，知道了自己深爱的丈夫居然和这个女人关系匪浅。原来她的丈夫已经与这个女人有了三年的婚外情，他们是在一次旅游途中相识的，然后一直保持着这样的关系。最近，这个女人在逼维拉的丈夫向维拉摊牌，并且要他离婚并与自己结婚。

维拉·捷马克看完了这些信件后，感觉浑身冰冷。因为这一切来得那么突然，她是多么爱自己的丈夫呀，她一直认为自己是一个幸福的女人，可是丈夫却如此对她。而她更恨那个女人打碎了自己幸福的生活，认为这一切都是她造成的，但是苦于自己不认识她，没有办法为自己出气，只好忍气吞声。维拉一个人在屋子里默默地流泪，回忆与丈夫的点点滴滴，那些与丈夫恋爱时的美丽情节让她暂时忘记了这些不愉快。可是当美好的回忆结束时，她又回到了现实，眼前的这一切让她痛苦万分。她最后彻底地明白了丈夫的异常行为：经常说公司加班，每天凌晨才回家；星期六、星期天都要出去，说是去见客户。她原来毫不怀疑自己的丈夫，认为丈夫工作忙是一件很正常的事，因为她是那么爱他。可是，事情原来是这样，原来丈夫一直在欺骗自己，他的种种借口都是为了与别人约会。这让她更加伤心，此刻她觉得一切都是虚伪的。

维拉想到了自杀，因为她觉得已经没有活着的乐趣了。她写了一封遗书，愤怒地谴责了丈夫，之后就从三楼跳了下去。她想以这种方式告别这个世界，以减轻自己的痛苦。她想等死后到了另外一个世界，一切重新开始，便会忘掉以前的痛苦。她闭上双眼，等待着那一瞬间的到来，可是她好像不是落在了地上，因为她没有感觉到疼痛，好像一块软绵绵的东西垫住了自己。她睁开眼睛一看，原来自己正好落在了一名刚刚从公寓底下走过的男人身上，过大的冲撞力使这名男子当场死亡，而自己幸运地只受了点轻伤。维拉·捷马克爬起来一看，这个男人正是自己已变心的丈夫！这样的巧合让维拉自己也目瞪口呆。也许是上天看到维拉这样死去对她太不公平了，于是便安排了这样的巧合，也算是她的丈夫对她的一种补偿吧。可见，婚外情补偿的代价高得惊人啊。

睡梦中被砸晕的人

大家形容一个人倒霉时，常常说喝凉水都塞牙，格利就是这样一个倒霉之人。格利住在美国明尼苏达州的明尼阿波利斯城，是当地的一名大学生。一天晚上，他在紧张的学习之后早早地进入了梦乡，一个人睡在租住房间内的床上，似乎只有此刻才能从紧张的学习生活中解脱出来。可是令他没有想到的是，天上飞来横祸，一个人从空中掉下来将他砸晕了。

这个人就是格利楼上的邻居贝萨，一名重 180 公斤的胖妇人。贝萨是一个热衷于跳舞的人，但其实她跳舞的目的并不因为喜爱舞蹈，而是她听一位朋友说跳一种舞可以健身减肥，这对她来说可是具有相当大诱惑力的。于是贝萨在楼上不分昼夜地跳舞，总是在深夜传来咚咚的巨响，这天晚上她又在跳健身舞减肥了。这次的响声似乎比以往还要猛烈，不过对于格利来说早已习惯了，所以并不在意。可能是由于长时间在巨响中睡觉，格利居然能做到充耳不闻，依然蒙头大睡。突然咔嚓一声巨响，头上巨物落下，正巧砸在熟睡的格利身上。格利在睡梦中被突如其来的疼痛惊醒，睁眼一看，原来是楼上的贝萨压在自己身上。他模糊地记得自己睡觉前一个人在屋子里，而且门窗也紧锁了，贝萨明明在楼上跳舞，她是怎么进入的，此时又怎么会在自己的床上呢？格利怎么也想到不到贝萨是从天而降，而不是从正门走入的，并且早已弄坏了他租赁的房子，他只觉得疼痛难忍，当场便昏迷过去。

事后据救护人员称，格利一根肋骨被压断，全身多处有瘀青和擦伤的痕迹，能够保住性命已经够幸运了。而那位从天而降的贝萨却因为有格利这张“软垫”的保护，身体并无大碍。事后，贝萨支付了格利的所有医药费，并负责每天过来照顾他，因为医生说格利得半年后才能完全康复，需要一直有人照顾，这个责任贝萨责无旁贷。在之后的日子里，贝萨每天都按时过来为格利料理生活起居，从此也改掉了在楼上跳舞的习惯。经过一段时间的相处，格利发现她并不像自己想象的那样生活没有规律。原来贝萨以前是一个非常苗条而且漂亮善良的女孩，一年前由于一场怪病，她的身体逐渐发胖，并且没有控制的可能，这让一向受人称赞的她备受打击。当她从朋友那里听来跳舞的方法可以减肥后便深信不疑，为了恢复以往的身材，她每天都加紧练习。她入住的时候楼下还是空着的，她并不知道之后有人住进来了，所以才发生了这场闹剧。后来贝萨去了一个减肥瘦身训练基地，没过多久就恢复了以往的形象，性格也开朗了许多。但是她一直都没有忘记过来照顾被她砸伤时至今日还在卧床的格利，经过聊天她发现，原来自己和他是同一所大学的学生，而且专业居然一样，都是房屋设计，这样共同的兴趣爱好拉近了彼此的距离，他们也成了非常好的朋友，后来发展成为一对恋人。每当他们回忆起当年的趣事时，都说一定要设计出一幢坚固的房子。

迟到 20 年的子弹

这个故事虽然让人觉得不可思议，却完全是事实。

1893 年，在得州经营霍尼克洛乌牧场的亨利·席格兰特结婚后，又喜欢上了另外一个名门闺秀。席格兰特感到十分的苦恼，于是对爱人梅莉开始感到嫌恶。他看她什么都不顺眼，觉得她既长得难看，又没有什么趣味，一点也不可爱，整个人没有一点值得让他欣赏的地方。这时候的席格兰特已经完全忘记了自己当初是如何追求现在的妻子的，他对待妻子十分冷淡无情，经常无故打骂妻子。这让可怜的梅莉经常独自哭泣，她不知道究竟发生了什么事情，也不知道丈夫怎么就不爱她了。终于有一天，梅莉伤心地自杀身亡了。

梅莉的兄长对于席格兰特的行为感到无比愤慨，他知道是席格兰特害梅莉自杀的，他发誓要为梅莉报仇。于是有一天，梅莉的兄长就带着手枪向席格兰特开了枪，子弹从席格兰特的脸颊擦了过去，击中了身后的一棵大树。但是梅莉的哥哥以为自己杀死了席格兰特，接着就举枪自杀了。

席格兰特终于与自己心爱的人在一起了。事情过了20年之后，有一天，席格兰特要把那棵大树砍倒，但因树干太硬，很不容易砍倒，于是他就用炸药来炸。当然，席格兰特并没有忘记，20年前从脸颊上擦过的那颗子弹仍留在大树上。他做好了一切准备之后点燃了炸药，炸药爆炸的威力波及了这颗嵌在树上的子弹，它弹了出来，正巧击中了席格兰特的头部，他最终一命呜呼。命运还是让席格兰特死在了这颗子弹之下。

离奇死亡事件

这些离奇的死亡事件巧合得让人难以相信，可是你又不得不相信，因为它们都是真实的。

1977年，纽约市有个男人在街道上行走时被一辆货车撞倒，奇怪的是他竟然没有受伤。正当他觉得自己很幸运，从地上爬起来准备离开时，一个过路人劝他说："你躺在地上不要动，假装受伤，这样你便可以向保险公司索赔。"他觉得很有道理，于是听从劝告，横躺在货车前面。就在他躺下的时候，货车司机以为他已经走开，便把车子开动，结果他被车子碾过，一命呜呼。

1979年，英国一名26岁的商店售货员和路达赫拉斯因为龋齿疼痛异常，而他又最怕见牙医，便请他的朋友在他的牙床骨外重击一拳，希望把龋齿打落。他的朋友不好意思推却，于是打了他一拳。不料和路达赫拉斯被击中以后，身躯往后倒下，头部撞在一块凸起的大石头上，头骨破裂而死。

1983年7月，一场风暴席卷意大利那不勒斯市。一位名叫维多利亚·路易士的 45 岁男子在驾车返家途中被狂风连人带车吹落激流中，几经艰辛才打破车窗，挣扎上岸。正当他为自己庆幸时，一株大树被狂风连根拔起，刚巧击中他的头部，就此一命呜呼。

1983 年，厂主路达史华兹在台风中侥幸从被狂风移平了的小型厂房中逃了出来，只受了轻伤，他当时还为自己庆幸。但在台风过后，当他返回废墟视察时，一堵未被摧毁的砖墙突然塌下，压在他身上，他也因此丧命。

一念之差，命丧黄泉。

被坦克击中的潜艇

这是发生在第二次世界人战期间的事。当时英国有一艘“奥立弗·伯朗奇”号运输舰，该舰艇凭着现代化的技术与装备立下了不少功劳。这不免让运输舰上的人有了些粗心大意，他们感觉自己这艘舰可以所向无敌。可是，事实上却并不是这样的。

德国早就已经十分痛恨这艘运输舰了，他们决定想尽一切办法除掉它。于是，德国决定派出一艘他们当时最好的潜艇去偷袭英国运输舰“奥立弗·伯朗奇”号。由于“奥立弗·伯朗奇”号当时没有任何准备，也没有任何的防备，而且德国潜艇是从水下进行的偷袭，因此该舰被炸得四分五裂。舰上的人全部遇难，刹那间，鲜血染红了整个海面。

德国因为偷袭潜艇成功而感到非常高兴，他们认为自己聪明无比。可是因为在水下，他们觉得庆贺得不过瘾，所以决定到水面上去好好庆贺一番。就这样，这艘德国潜艇得意忘形地浮出了水面，他们高兴地庆贺胜利。可是他们却不知道，死神已离他们不远。

也就在此时，英舰上一辆被轰上半空中的三吨重的坦克从天而降，恰恰落在浮出水面的潜艇中间，一下子把潜艇劈为两半，潜艇上的官兵全部葬身海底。

这个意外的巧合真是让人目瞪口呆、无话可说。

天降活牛，撞沉渔船

《朝日新闻》是日本最大的报纸，日本人民都非常喜爱它，因为它与其他报纸不同，总能报道一些令人感到新奇的新闻。它既是人们闲暇时间里的一种消遣，又是一个掌握时事的好帮手。下面就是《朝日新闻》曾经报道过的一则新闻：

一艘日本渔船正在海上作业，突然一头活生生的牛从天而降，刚好砸在这只渔船上。当时事发突然，渔民们没有一丝准备，渔船因而被这头牛撞沉了，船上渔民后来被正在值勤的俄罗斯水警救起。被救起的一名渔民对当时的情况仍心有余悸，他对俄罗斯警员说，他们亲眼看到一头活牛从天上掉下来，打中了船头，于是渔船就翻了。可是这件事情让人听起来感觉就像是在编故事，根本无法相信，俄罗斯警方也认为船员在说谎，于是将他逮捕了。

直到后来由于很多人都看到了此场面，这才弄清楚事情的来龙去脉，该船员才被无罪释放。原来是一群俄罗斯士兵从西伯利亚盗走了数头牛，准备用运输机运到黑市去贩卖，结果运输的途中一头牛突然凶性大发，在飞机中乱跑，没有人能降服得了，使得飞机左摆右晃。为了保全大局，机长最后下令把这头牛轰出机外，这才保住了这架飞机。而掉下来的这头牛正巧撞上了这艘渔船，于是就有了上面发生的一幕。

跳伞爱好者撞毁小型飞机

美国人彼德斯是一位跳伞爱好者，他在自己的跳伞生涯中一直都是一帆风顺的，所以他每次出去跳伞都得到了家人的支持，有的时候家人还会到降落地点去为他庆贺。然而不是所有的事情都是一成不变的，就在一次跳伞的过程中，发生了一件不要说他自己，就连所有的人都不敢相信的事。与以前失事的跳伞爱好者不同，他这次发生的事故是美国史上的第一次，所以成为当时人们的焦点。事情是这样的，就是在他跳伞时，一架小型飞机飞过，此时他已经出舱，于是不偏不倚地撞在了这架经过的小型飞机上。当时由于他的作用力再加上外界空气影响，这架小型飞机不堪重击最终坠毁，当时机上 4 人 3 死 1 伤，而幸运的彼德斯只是撞断了一条腿，并无大碍。

美国联邦航空局和全国交通安全局展开调查后表示，出事的小型飞机连同驾驶员在内共载有 4 人，原定由纽约州的波基普西飞往波士顿，但当飞至马萨诸塞州北定普敦附近时出事。联邦航空局发言人库尔维说，彼德斯从另一架飞机跃下跳伞，却正好撞向正在飞行的小型飞机的尾部。由于撞击力太大，小型飞机开始向地面俯冲，结果在北安普敦机场东南面不到 1 千米处坠毁，机上 3 名乘客全部罹难，驾驶员身受重伤，后来不治身亡。

第九章
时空穿越

时空穿越，听起来似乎有些荒诞，但理论上却是可行的。早在 20 世纪，这个课题就引起了众多科学家的兴趣，虽然经过研究得到了理论证实，但在现实生活中，还是很少有人亲身体验过。然而某些巧合的事，看起来就如在时空中旅行一般，更加坚定了人类的信心。如果时空穿越真的实现了，你是想回到过去还是去往将来呢？

救命的百年遗信

一封来自100多年前的信，竟然使得后人脱离险境，而写信的人与收到信的人竟然是祖孙关系，这件事够新奇的吧！

1914年8月，同盟国和协约国之间爆发了第一次世界大战。1915年4月，一支法国军队和数倍于己的土耳其军队在埃及战场的西奈半岛展开了激战，一时间战场上到处都是尸体。到了4月14日傍晚，法国军队仅剩下35人，并且已弹尽粮绝，四周被土耳其军队紧紧地包围着。此刻，马什尔上尉手里掂着一颗子弹，眼望着派出去寻求救援的一个个信使的尸体，他想起了自己的曾祖父老马什尔上尉的牺牲之处也是在西奈半岛的一个荒凉地方。

正在这时，他看见仍充满斗志的中尉领着一个身披斗篷的阿拉伯老人站在眼前，老人在知道他就是马什尔上尉后，激动地从怀里掏出了一个皱巴巴的发黄的旧报纸袋，颤抖地递给马什尔上尉。上尉接过纸袋一看，只见上面很潦草地写着“马什尔上尉”5个字，字迹几乎辨认不清。马什尔小心翼翼地打开纸袋，拿出一封发黄的信来。借助微弱的火光，马什尔仔细地辨读着信的内容，由于字迹很潦草，马什尔费了很大的劲才断断续续地认出来。“亲爱的马什尔：接到此命令，请立即……这封信由一位年轻的阿拉伯人转交给你……看完信后，立即寻找埋在堡垒和地下的食物、军需……拿出你们最需要的，然后把剩下的物品毁掉……你们从埃及前线撤离……有三条路，但不可走滨海那条……从中间那条可一直穿过沙漠……要像保护眼睛那样保护附在信内的地图，并根据地图找到……废墟后面有一泉眼，能……胜利。1798 年 4 月 14 日，波拿巴·拿破仑。”

老人告诉他，这封信是拿破仑将军交给自己父亲的。那是在 1798 年，拿破仑将军率领一支法国劲旅远征埃及。4 月份，其部下老马什尔上尉率领的一支军队在西奈半岛陷入了土耳其军队的重重包围。拿破仑得知情况后，立刻给老马什尔上尉写了一封信，信的大概意思是指导他们如何突破重围绝处逢生。拿破仑把这封信交给了一位熟悉当地地形的年轻的阿拉伯军人马洛卡。马洛卡接受任务后，立刻昼夜兼程地赶往交信地点，但是已经迟了，他没有找到老马什尔上尉及其军队。原来老马什尔上尉率军在经过一番激战后，突破了土耳其人的包围，但是由于不熟悉当地地形，被沙漠吞噬了。

马洛卡不知道马什尔上尉已带领部队走上绝境，一直自责自己没能完成任务。1874 年，90 余岁的老马洛卡在去世前，还一直悔恨自己没有完成送信的任务。临闭眼，老人郑重地把信交给了他的儿子小马洛卡，并再三嘱咐一定要找到马什尔上尉，亲手把信交给他。

小马洛卡为了完成其父的嘱托，整整寻找了 40 年。也许是命中注定吧，他终于把这封历时一个多世纪之久的信件在同一个地点亲手交给了收信人“马什尔上尉”——老马什尔上尉的曾孙。

马什尔上尉激动异常。在老人的指点下，他们在要塞的后边找到了废墟，并出人意料地找到了他们最急需的弹药和食粮，这使他们个个惊愕不已。不过这些食物和弹药并不是拿破仑遗留给他们的，而是大战刚开始时德国人和土耳其人储藏在这里的。获取了弹药和食物后，马什尔上尉他们按照地图上的路线终于走出重围，绝处逢生。

一封拿破仑于 1798 年 4 月 14 日写给其在埃及同土耳其人作战的部下军官老马什尔上尉的信件，在 100 多年后拯救了同样率军在埃及同土耳其军队作战，并且陷入绝境的老马什尔上尉的曾孙小马什尔上尉的性命，这真是一个奇迹。

“泰坦尼克”号幸存者神秘现身

1912 年 4 月 15 日，“泰坦尼克”号超级游轮在首航北美的途中，因触撞一座漂浮流动的冰山而不幸沉没，酿成死亡、失踪达 1500 多人的特大悲剧。

80 余年过去了，正当人们对它已经淡忘时，却又连连爆出了惊煞世人的新闻。

1990 年 9 月 24 日，“福斯哈根”号拖网船正在北大西洋航行，在离冰岛西南约 360 千米处，船长卡尔·乔根哈斯突然发现附近一座反射着阳光的冰山上有一个人影，他立即举起望远镜对准人影，发现冰山上有一位遇难的妇女用手势向“福斯哈根”号发出求救信号。当乔根哈斯和水手们将这位穿着 20 世纪初期的英式服装、全身湿透的妇女救上船，并问她因何落海漂泊到冰山上等问题时，她竟然回答：“我是‘泰坦尼克’号上的一名乘客，叫文妮·考特，今年 29 岁。刚才船沉没时，我被一阵巨浪推到冰山上，幸亏你们的船赶到救了我。”“福斯哈根”号上的所有船员都被她的回答弄糊涂了，这究竟是怎么一回事？

考特太太被送往医院检查，医生发现她除了在精神上因落难而痛苦外，其他方面健康状况良好，丝毫没有神经错乱的迹象，血液和头发化验也表现她确系 30 岁左右的年轻人。这就出现了一个惊人的疑问，难道她从 1912 年失踪到现在，竟然没有一点衰老的迹象？海事机构还特地查找了“泰坦尼克”号当时的乘客名单记录表，资料显示考特太太确实登上了这艘豪华游轮。这太离奇怪诞了，以致人们无法按照科学常理作出合乎逻辑的解释，难道她真的一直存在于所谓的“时空隧道”中？

正当人们为此而争论不休时，另一件意外巧合的奇事发生了。

1991 年 8 月 9 日，欧洲一个海洋科学考察小组租用的一艘海军搜索船在冰岛西南 387 千米处考察时，意外地发现并救起了一名 60 多岁的男子。当时，这名男子安闲地坐在一座冰山的边缘，他穿着干净平整的白星条制服，猛吸着烟斗，双目眺望着无际的大海，脸上显示出一副早将生死置之度外的表情。但谁也不会想到，他就是失踪近 80 年的“泰坦尼克”号上大名鼎鼎的船长史密斯，并且曾几次拒绝外界对自己的援救。

著名的海洋学家马文·艾德兰博士在救回史密斯船长之后告诉新闻记者说，没有任何事情的发生会比此事更让他吃惊。他不知道在北大西洋那儿发生了什么，但被救的人并非行骗之徒，而确实是“泰坦尼克”号的船长，是最后随船一起沉没后失踪的人。更为惊奇的是，史密斯虽已是 140 岁高龄的老人，但他看起来仍然像 60 岁时那样，而且他在获救时，一口咬定当时就是 1912 年 4 月 15 日，并几次劝阻救助人员不要救他，船既然已被冰山撞沉了，最后的气浪把他抛到了冰山上，他这个船长也只有与冰山共存亡了。

精神病心理学家扎勒·哈兰特对他进行了一系列的检查后，认为他的生理和心理都很正常。哈兰特博士曾于 1991 年 8 月 18 日的一个简短新闻会上指出，通过保存在航海记录中的指纹验证，可以确认他的身份就是船长史密斯。

欧美的有关海事机关认为，史密斯船长和考特太太均属于“穿越时光再现”的失踪之人。不过，史密斯船长和考特太太能够差不多同时再现并且被救起，这也应该只是一个意外的巧合。

二战失踪战机重现

第二次世界大战期间，一架德国战斗机在 1942 年一次执行出击任务后便音信全无，再也没有返回基地报到。然而，经过整整 46 年，它又突然出现并降落在苏联一个机场上，而机舱内的机师早已变成了一副白骨！你是否相信这是真的呢？没错，这听起来让人不可思议的事确是真的。

这架失踪了 46 年而又神秘出现的战斗机属于 BF109-G 型的单引擎战斗机，据说外壳虽然非常残旧，但机件状况却仍良好。对于这架古老战机突然重现一事，有关方面并没有立即作出解释，事实上也无人能这样做。而同样令苏联官员感到大为不解的是，机上的机师明明早已死掉并腐化成一具白骨，那又是如何操纵飞机，在 1988 年 6 月 5 日的清晨安然降落到明斯克机场呢？

“我称这是近代航空史上一个最神秘之谜，相信这样说也不为过。”法兰克福一位第二次世界大战历史专家艾美·却巴博士说，“苏联方面并没有发放所有他们知道的这架飞机和机师的资料，但从莫斯科新闻的有关报道中我们知道，这架战机是因为燃料用罄才降落在沿海的明斯克机场的”。

“那个机师的身份已经证实是空军中尉狄斯·西格，他在 1942 年 12 月 5 日一次飞往苏联上空执行作战任务时失踪，事后当局再也没有收到他的半点音信。”

“我们也不知道为什么会有这样的事发生，我们唯一知道的，就是有一架 1942 年的战斗机，在失踪了差不多半个世纪后，又再次出现在人间。”除了报章上刊载的消息外，苏联当局再也不愿透露更多有关这件怪事的进一步详情。

从机师的骸骨和破烂的制服来看，他们估计西格中尉是在1942年执行那次作战任务时，被苏联战机的子弹击中而当场死亡的。当这架幽灵战机突然降落苏联机场的怪事传出后，西方不少科学家都表示愿意协助调查个中真相。

冰封“活尸”

1986年，一支英国登山队来到了阿尔卑斯山。当他们攀登到5100米的高度时，发现在一条雪崩形成的斜坡底下，隐约有一个人体半埋在其间。大家都觉得很奇怪，以为是登山遇难的人，于是立即进行挖掘。

经过两小时的挖掘，一具男性“尸体”呈现在眼前。大家看见他身旁有一套古老军服，于是就到他的军服里去翻，结果翻出了一本《士兵手册》。大家从中知道他名叫普里斯，是法国步兵团第二旅的下士，1890年出生。

发现一具失踪数十年的士兵尸体并非奇事，大家对这种事情都习以为常了，于是他们协力把尸体运到了山下登山总部。经医学利巴奴详细检查，发现这具尸体竟然仍有极其微弱的心跳——他仍活着，并没有死。这真是生物学和医学上的奇迹，大家都觉得不可思议。

利巴奴医生立即把这具仍然活着的尸体放入一个氧气罩内，然后又把“活尸”运到英国一家著名的生物研究所进行拯救工作。有关权威专家说：“我们用尽所有方法和尝试，都不能令普里斯醒过来。但他仍是活着的，他的心脏机能仍然存在，只是其他一切都停顿了。这真是一个奇迹，如果不是巧合，又怎么会如此呢？这真是一个谜呀。”

普莱恩兹的奇遇

58 岁的汤姆·普莱恩兹驾着他的新帆船行驶在可怕的魔鬼三角区，此时的他正绕着一条标志醒目的旧船，希望能找到船上的水手。然而，普莱恩兹却吃惊地看到了一位年轻漂亮的女士，她正是 36 年前与自己成婚的新娘。“有那么一阵，我以为我死了呢，是在天堂里。”整整两天两夜，普莱恩兹都在和他的恋人说笑、进餐、谈情说爱。他说这位女士名叫瑞吉娜（和他的新娘名字一样），她能道出只有自己失踪的新娘才能回忆起的点滴往事。“她告诉我我们举行婚礼的教堂以及牧师的名字，甚至讲出新婚那天我穿了两只不同颜色的袜子。毫无疑问，我找到了我的瑞吉娜，我觉得自己好幸福。”

1940 年，普莱恩兹还是个 22 岁的棒小伙，刚从美国海军退役。他在纽约迎娶了自己青梅竹马的恋人，一对年轻快乐的新人在佛罗里达欢度蜜月。普莱恩兹用一笔遗产购置了一条小帆船，并命名为“瑞吉娜”号。他们两人乘船从迈阿密出发，参观了亚热带巴哈马的外国港口。之后，在天气晴朗的一天，小船随着平静、闪亮的海水向东驶去，进入了魔鬼三角地带。普莱恩兹回忆道：“本来我们航行得很好，突然碰到了一阵险恶的狂风，像地狱里伸出的手抓起我们又扔回水面。我被掷到船外，我能听到瑞吉娜在呼唤我，但我游不回去，我晕过去了。”当他清醒过来时，水面平静，他被一只渔船救起。“船长说他根本没看到风暴，只看到我在一根木头上漂浮着，‘瑞吉娜’号帆船再没找到，我失去了我的新娘。”

普莱恩兹一直没有结婚，他说：“我一直没有忘记瑞吉娜。我忘不了她，因为我实在是太爱她了。”于是这年夏天，普莱恩兹买了一艘新船，并驶回了那片多年前改变他命运的三角海域，结果奇迹发生了。“在我们两天的重逢之后，我累垮了，”普莱恩兹说，“我睡了20个小时，当我醒来后发现她又一次地消失了。”

这真是一次奇怪的经历，难道只是幻觉？可是，这是不可能的。一切发生得如此真实，不可能是幻觉。那么，这样一次神秘的巧遇究竟又是怎么一回事呢？

儿时送养场景再现

大千世界无奇不有，有很多超自然的现象经常发生在我们的身边，也许你会认为这只是一种巧合，或是一种机缘，但无论是哪种情况，它都给我们原本平淡的生活带来了一抹亮丽而神秘的色彩。

奥古斯塔斯·J.C.黑尔是接下来要说的这个巧合事件的主人公，他出生于1830年，是维多利亚时期著名的作家和艺术家。在当时，很多人都认为黑尔一定出生在一个条件优越的家庭，或者他的父母在艺术方面一定有着很大的成就，不然怎么会有如此出色的儿子。可是谁又知道，就连普通的家庭生活对于当时的黑尔来说都是一种奢望，因为他在出生仅仅14个月时就被过继给了他人。收养他的人是他的婶婶，当时由于家境贫寒，父亲早逝，身体多病的母亲一个人没有能力将他抚养长大，为了让他能有一个比较好的生活环境，母亲在他刚刚14个月大的时候，毅然决然地将他送给了别人。黑尔由婶婶也就是他后来的继母抚养长大，继母对他非常好，就像对待亲生儿子一样。在继母的精心培育下，奥古斯塔斯·J.C.黑尔成为牛津大学的一名高材生，毕业后主要住在欧洲，偶尔访问英国。他在自传中谈到这样一件事：

“在我被过继 17 周年那天，我们全家赶到曼海姆，在一家旅馆里进餐。而就在这家旅馆，17 年前仅仅 14 个月大的我被送给了婶婶，她也是我的教母，我会像她的亲生孩子一样同她永远生活在一起……这天晚上，当我们回到车站……站台上有一个怀抱孩子的可怜女人在痛哭。我走上前去问她是不是有什么伤心事，这女人答道：‘是的，那是我的孩子，他只有 14 个月大，就将乘下一趟火车永远离我而去。他的婶婶将把他带去收养，而我将永远不能再照料我的孩子了。’”这位母亲流下了辛酸的泪水，这对于一个母亲而言无疑是最残忍的事情了。

黑尔显然是把这境况联想到了自己 17 年前离开母亲的苦楚。但奇怪的是，怎么都是 14 个月大的孩子，怎么都是送给其婶母收养呢？这巧合是故意安排的吗？这真是一个令人费解的谜。

地下生活 20 年却容颜未变的人

据科学研究表明，一个人在不吃不喝的情况下，生命只能维持一周；而一旦没有了氧气，可能连 10 分钟都活不过去。这不是危言耸听，而是科学家经过多次试验得出的结论，它总结了人类在无氧条件下生存的极限。但是，在这个世界上就有这么一位神奇的人，他在地下被整整活埋了 20 年，20 年后好奇的人们并没有看到他枯烂的尸体，而是从地下走出来的一个鲜活的人，并且容颜依旧，简直就像时空逆转。这位怪诞的奇人就是在印度被称为“圣僧”的人——巴巴星·维达殊。

1971 年的一天，巴巴星·维达殊命令他忠实的追随者将他活埋在地下，他想证实在没有任何生存条件的环境下，人类依然能存活，他想创造奇迹。这件事在当时被人们议论纷纷，有人说他疯了，有人说他不是普通的人，可能是有神灵保护，否则谁也不能在地下生存那么久，一时间巴巴星·维达殊成了轰动世界的一大新闻人物。

1991年年底，距离巴巴星·维达殊被深埋地下已经20年过去了，人们对当年荒诞怪异的他渐渐有些忘却了，如今的他还活着吗？虽然有些像痴人说梦，但是追随他的信徒们对此却深信不疑，每时每刻都在盼望这一天的到来。当20年后的今天到来的时候，和当年他被活埋一样，来看热闹的人很多，围得水泄不通，他的信徒遵照他的嘱托，没有耽误一分一秒，完全按照他的要求将他从不见天日的棺材里挖了出来。当年用来装他的棺木早已腐朽，只剩下一些残渣，人们站在高处向里望，并没有看见他本人，大家都觉得当年他太过于执着了，以至于稀里糊涂地送了性命。正当人们议论纷纷时，眼尖的人发现土壤里有一些松动的迹象，人们都不约而同地向里面望。啊！令人惊奇的是他还活着，他没有死，而且容颜依旧，除了胡子长长了些，其余都和20年前一模一样，没有任何衰老的迹象。据他自己说，人们在挖棺木的时候，大家的谈话他都听见了，本来是打算和大家道谢的，只是他迷迷糊糊又睡着了。人们听了他的话都感到异常的惊讶，能在地下生存20年不死已经算是一种奇迹了，就连上边人的话语都听得见，这让大家再次震惊。一位在挖掘现场的目击者、科学家凡云戴·尼比西也博士说：“这真是一种令人无法想象的神奇现象。”一位追随圣僧多年的忠实信徒对记者说：“他的这次复活，显示了人类确有某种神奇的力量。”

“还魂尸”走回家

人死了，就如一缕青烟，飘向远方，从此这个世界上再没有这个人存在了。可是在海地却发生了一件骇人听闻的事，当年亲戚亲手埋葬的、死了18年的人找回家门，和亲朋好友团聚了。他竟活地回来了，这究竟怎么回事呢？世界上真有这起死回生的法术吗？我们只在《西游记》里看过孙悟空有回天之术，难道有现代的孙悟空不成？

当事人是个名叫纳西斯的黑人，来自海地的勒斯特耶村，一向非常健康。1962年，他突然莫名其妙地病倒了。他的姐姐把他送进德沙贝尔镇的艾尔伯·薛维泽纪念医院进行治疗，但是没有医生能查出他得了什么病。纳西斯一天不如一天，他开始呼吸困难、昏迷不醒，直至全身僵硬冰冷。

医生对他的姐姐说：“对不起，他已经死了。”随即签发了一张死亡证。当天稍后时分，朋友们都来到家中吊唁纳西斯的离去。亲人们在痛苦中把他的棺木拉到坟场，用泥土掩埋上，之后相继离开。人们慢慢开始习惯没有纳西斯的日子，时间一长，大家都淡忘了。

1980年1月的一天，他的姐姐在家中给他烧香的时候，突然听见有人在敲门，那声音轻轻的，似有似无。疑惑中姐姐站起身来走向门边，“咯吱”一声门自己开了，走进一个人。“啊！”姐姐尖叫了一声，之后便昏了过去。原来走进屋里的人不是别人，正是18年前不明原因死去的纳西斯。他是人还是鬼？这究竟是怎么回事呢？

相传在海地有一种巫毒教术有起死回生的魔力，一些术士将死尸的灵魂偷走，然后使死尸复活，变成一具能够活动但没有意志的“还魂尸”。那么，走进屋内的纳西斯真的是“还魂尸”么？原来当年纳西斯并没有死，是他的哥哥买通巫师用药物麻醉了他，导致大家误认为他已经死去，入葬后术士再把他从墓中掘出，继续麻醉他，让他作为奴隶在田间工作。

纳西斯恍惚记得自己被奴役了大约两年。后来有一天，管工忘记给他服药，他才恢复神志，伺机逃脱。可是，他不敢回到村里，直到1980年1月，他听闻哥哥已经去世，才决定重回勒斯特耶村。

于是，就有了上面的一幕。

一通穿越时空的报警电话

有一天，美国加利福尼亚州里士满市警察局里的电话突然响起，值班警察接通电话后，只听到一个年轻女子焦急地说道：“喂，喂，是警察局吗？赶快到马克德纳尔德街的铁道来，再派一辆救护车！”

“发生了什么事？”警察赶忙问。“开往圣菲的快车和一辆大卡车相撞，一个男人受了重伤！请你们赶快来。”“什么？火车和卡车相撞，这可不得了，我们马上来，请不要离开！”警察放下电话，马上与医院取得了联系，不到一分钟，警车和救护车相继出动，不一会儿就来到了铁道口。但是，这里一片寂静，根本没有发生车祸，快车尚未通过，卡车连影子也没有看到。人们都以为这是谁在搞恶作剧，纷纷抱怨。

就在警察感到疑惑时，远处传来火车的汽笛声，转眼间一阵轰鸣，火车风驰电掣般地朝铁道口直驶而来。这时，铁道口突然出现了一辆大卡车，它在铁轨上抛了锚，怎么也发动不起来。瞬间，只听见一声巨响，在众目睽睽之下，火车与卡车猛烈相撞了！

大卡车被火车甩出好几十米远，当驾驶员德尔富·布鲁斯被人从驾驶室里拖出来时，已经奄奄一息，脸上、胸部和四肢都受了重伤。眼前发生的事和刚才电话里说的居然一模一样！这件可思议的事使得几分钟前还愤愤不满的人们现在个个吓得目瞪口呆。

大伙儿七手八脚地把德尔富抬上担架，救护车立即将他送进附近的医院进行抢救。德尔富失血过多，伤势十分严重，但由于抢救及时，终于保住了性命。“要是再迟十分钟的话，后果不堪设想。”医生手术后说。可是，那个打电话给警察事先报警的年轻女人究竟是谁呢？事后，警方立即设法寻找她，但是始终找不到一点线索。

第十章
未谋之合

生活中，我们遇到过各种各样的巧合。有时，你会认为自己的想法非常奇妙，是灵感的大爆发，是独一无二的，但不管你相不相信，你所想的和做的，在同一时刻或同一个地方也有人跟你想的和做的一模一样，就如同你的翻版。对于某些人来说，这种巧合很是惊奇，但在无神论者看来，这不过是概率论的结果罢了。

小说预言真实灾难

超级巨轮“泰坦尼克”号沉没的悲惨故事因被拍成一部好莱坞灾难爱情片而风靡全球，为人们所耳熟能详。然而，这艘巨轮的悲剧却早在19世纪末就显出了征兆。

1898年，英国作家摩根·罗伯逊写了一本名叫《徒劳无功》的小说。小说写了一艘号称永不沉没的豪华巨轮，名为“泰坦（Titan）”号，从英国首航驶向大洋彼岸的美国。这是人类航海史上空前巨大也最豪华的客轮，船上装备了当时力所能及的一切华贵设施，满船乘载的都是有钱的乘客，人们在这艘巨轮上尽情地享受着。但是，这艘巨轮首次出航就在途中撞上冰山，悲惨地沉没了，许多乘客葬身海底。

谁也没有料到，这部小说中写的故事，竟成了14年后不幸的现实。人们都说“泰坦尼克”号是不会沉没的。这艘当年在水上航行的最大客轮，其甲板下建有水密舱，即使这些水密舱中有3个进了水，客轮仍然能浮在水面上。1912年4月11日，“泰坦尼克”号从英国南安普敦港出发驶往纽约，开始了她的处女航。船上除了有1316名乘客外，还有891名船员。“泰坦尼克”号向西行驶，一连三天三夜，安全无事。

到第4天的半夜时分，在纽芬兰海岸外，“泰坦尼克”号在全速行驶时与一座巨大的冰山相撞。甲板之下的水密舱出现了裂缝，海水涌入舱内。然而，意想不到的事情发生了——“不沉之船”正在慢慢地下沉。船上人员开始撤离该船，但由于救生艇不够，乘客们惊慌失措。最终随着船尾翘起，船身滑向大西洋底，1796人与船一起沉没。

悲剧发生后，有人想起这篇小说，发现不仅船的名字几乎相同，两者还有众多极其相似之处：两船都是初次出航就沉没，其原因都是撞上冰山，事故地点都在北大西洋；两船航行的时间都是在 4 月份，航线都是从英国到美国；“泰坦”号所写的乘客和船员人数总计为 3000 人，而“泰坦尼克”号乘客和船员人数总和约为 2200 人；“泰坦”号设想重量为 7 万吨，而“泰坦尼克”号实际重量为 6 万 6 千吨；“泰坦”号长度约为 244 米，而“泰坦尼克”号长度约为 269 米；两船的螺旋桨数均为 3 个，碰撞冰山的时速均约为 42.6 千米；

还有一点相同的是，两船出事后乘客伤亡惨重的原因都是因为船上的救生艇不够。

有人比较了《纽约时报》所刊登的“泰坦尼克”号沉没的消息，其情节、过程与罗伯逊笔下的小说如出一辙。甚至可以说，小说中的故事就是提前了 14 年出现的“泰坦尼克”号沉没的写照。这一切仅仅是巧合吗？如果不是巧合，那么又该如何解释呢？

同一地三次海难，幸存者姓名竟相同

在发生意外事故时，能够幸存活下来的人少之又少，而他们中若再有巧合之处，那就更让人感到不可思议了。故事发生在麦莱尔海峡附近，曾经有三艘航船在此处沉没，而且每次都是在夜晚，在这三次事故中，每次都只有一人幸免于难，而这三位幸存者居然同名同姓，都叫休·威廉斯，够令人感到奇怪的吧！

这三次海难中的第一次发生在 1644 年 11 月 5 日夜晚，一艘从北威尔士开出的航船正驶向麦莱尔海峡。当这艘船到达麦莱尔海峡的时候，突然巨大的海浪飞起数十米，同时夹杂着一阵怪风，航船瞬间沉没了。当时船上共有 81 人，其中有工作人员 10 人，经验丰富的船长还没有来得及指挥人员撤离事故就发生了。这一切来得突然，走得也很突然，感觉就像一瞬间的事情，没有一丝挣扎和恐惧，之后大海就恢复了平静。不幸中的万幸，在那瞬间的灾难中还有一个人生还，他的名字叫“休·威廉斯”。

第二次海难事件发生在 1785 年 11 月 5 日，也是在一个平静的夜晚，一艘客轮同样从北威尔士开出，当它行驶到麦莱尔海峡的同一地点时，好像海底事先安排好了刽子手一样，这艘客轮悄无声息地就沉了下去，和 100 多年前发生的那次沉船事件一样。船上共有 60 位乘客，也是仅存活一人，他也叫“休·威廉斯”。

这两次海难一开始并没有引起人们的注意，直到 1860 年第三次海难发生了：一艘载有 25 名乘客的轮船又在同一时间、同一地点沉没，这次的沉没和前两次一样，唯一幸存者的名字还是叫“休·威廉斯”！

值得一提的是，虽然三次海滩事故中的幸存者名字完全一样，但他们可不是一个人，因为相隔数百年呢！

发生的都是海难事故，而且都只幸存一人，且名字相同，又是在同一地点出现险情，这些事情的交集能够完全凑到一起真让人感到惊奇！

抓获凶手的油画

1985 年，苏联圣彼得堡发生了一宗令人发指的案件。14 岁的女孩莉萨一个人待在家中，她的父母都出门买东西了。莉萨觉得不好玩，她有些后悔没有与父母一起出去。这时有人敲门，莉萨想起父母的警告：不要随便开门，现在的坏人很多，于是就没有理会。可是敲门声一直在持续着，而且有人在喊："莉萨，我是你爸爸的朋友，请你开门。"虽然这个声音比较陌生，不过听说是爸爸的朋友，莉萨就放心了。她走过去，把门打开了。

这个陌生人对还存有戒心的莉萨说："我是你爸爸的朋友，你爸爸没有提起过我吗？我都知道你呀。"莉萨半信半疑地看着他。陌生人接着说："我是路过这里的。你倒一杯水给我喝好吗？"莉萨于是转身去厨房倒水，就在这时，陌生人从怀里拿出一把斧子把莉萨当场砍死了。

凶手把莉萨砍死后，偷走了莉萨家中许多值钱的东西。莉萨的父母回到家中时，莉萨已经永远地离开了人世。面对这个惨剧，莉萨的母亲当场晕倒了。过了好长一段时间，莉萨的母亲才恢复过来。她非常后悔，不该让莉萨一个人待在家里的。

一位名叫波叶的画家从报纸上看到报道，出于激愤画了一幅表现这一悲剧题材的油画。画面按报道描述的内容再现了阁楼上血淋淋的情景，一个小姑娘四肢伸展躺在地上，画家还特意在阴暗的背景下虚构了一个要逃跑的凶手形象。凶手的相貌被画得颇为丑陋：驼背，大嘴，下巴上一把棕黄的胡须，脸上嵌着一双恶狠狠的小眼睛……半年以后，圣彼得堡的市政厅举办义展，波叶把画送去展出。一天，观看画展的人群中突然响起一声尖叫，一个人倒在地上，浑身抽搐。人们扶起他时才惊讶地发现，此人的容貌竟和画上的凶手十分相像。警方经过侦讯，最终确认此人正是杀害小姑娘的凶手。

307房间的客人

《勒克夫人：概率论》当时在加拿大是一本非常受青少年喜爱的书，它的作者沃伦·韦弗博士在当地也是一位非常有名气的风云人物。这本书中汇集了一些让人们感到新奇而又真实的事件，其中就有下面要讲的这个故事，发生的时间可能是20世纪50年代末：

一位名叫乔治·D.布莱逊的康涅狄格州商人是个旅游爱好者，每当有闲暇的时间他都乘火车到南方旅行，因为他非常喜欢一个人沉浸在大自然的风光之中。一次在经过一路沿途观光，到达肯塔基州路易斯维尔车站后，他决定下车做短暂观光，因为他以前从未造访过这个城市，只是在书中阅读过有关这座古城的一些美丽传说，而且当地的许多古老建筑物都让他着迷。他准备在这多停留几日，于是便不慌不忙地下榻于布朗饭店，并且被安排住进了307号房间。刚进屋没有几分钟，门铃突然响了，原来是侍者送来一封信，信封上写着“布朗饭店307号房间乔治·D.布莱逊收”。这位布莱逊先生感到莫名其妙：“我刚一下车怎么就有人写信给我呢？没有人知道我在这儿住呀，这是怎么回事呢？”带着疑问布莱逊先生打开信件，发现里面的内容他完全陌生，因为他根本不认识这个写信的人。他急忙把信件退还给了侍者，并说明了事情的经过。后来经过饭店的一系列调查才明白事情的始末，原来这纯属巧合。307号房间原先的房客也叫乔治·D.布莱逊，来自加拿大蒙特利尔市，这封信是给那位布莱逊先生的。只是这封信在没有邮寄到饭店之前，那位先前的乔治·D.布莱逊就退房了，恰巧后来的乔治·D.布莱逊先生也入住了307房间，这才发生了如此巧合之事。

在宾夕法尼亚州也发生过类似的巧合。1914年一名男子因流浪罪被捕，当警察审讯他时，他硬说警察搞错了，因为他在麦金尔维恩街714号有住所，并没有犯流浪罪。如果一个人没有固定的居住环境，流浪到街头会给社会治安带来很多隐患，所以当地的法律规定，如果通过调查没有确定住所的，就视为犯罪，所犯的罪名叫作流浪罪。法庭上，法官罗宾逊·劳里问他从哪儿弄到这个地址的，此人支支吾吾地说："这个地址……"法官接着说："今天算你倒霉，你说的这个地址恰巧正是我的住址，我在那里已经住了30年了，怎么从来没有见过你呀!"

原来，这名男子真的是一位无家可归的流浪汉，被警察盯上已经好久了，他为了能逃脱罪名便信口胡说了一个地址，他连做梦也没有想到，自己瞎编的这个地址居然和审讯他的法官的家庭住址一样，当场被人识破，原形毕露。

英美官方发言人辞职巧合

2003年5月19日，英国首相布莱尔的官方发言人戈德里克·史密斯表示，他希望"在今年晚些时候"辞去自己所担任的职务。

史密斯认为，发言人是一份非常好但要求很高的工作，他觉得自己不能永远从事这个职业。史密斯说："经过深思熟虑后，我感到现在是做些其他事情的时候了。"

史密斯表示，这完全是他自己的决定，没有任何深层原因，他也不知道今后是否会继续从事行政事务或者转行。

然而就在同日，美国白宫主要发言人阿里·弗莱舍也宣布，他将于今年7月辞去白宫新闻秘书职务，进入私营部门工作。据报道，五角大楼的发言人维多利亚·克拉克或白宫副新闻秘书斯科特·麦克莱伦可能是接替他的人选。弗莱舍在接受电话采访时说，他离开白宫的时候已经到了，他希望在布什连任总统竞选攻势全面展开前辞去白宫发言人这一艰难的职务。弗莱舍还表示他辞职后将在私营行业谋职。

经过“9·11”恐怖袭击事件、阿富汗战争和伊拉克战争，弗莱舍俨然成为布什政府的“形象代言人”。报道称，他有时会与白宫的新闻班子发生矛盾，而且与布什手下一些高级助手关系紧张。但是弗莱舍说辞职决定是他自己作出的，他已将此决定告知布什总统。

这真是一个意外的巧合，出现这样的巧合令人觉得非常“怪异”。

奥运纪念邮票的惊人巧合

为纪念奥运会的召开，我国曾多次发行邮票。它们分别是：1980年我国运动员首次参加第十三届冬奥会，我国邮电部发行了“第十三届冬季奥林匹克运动会”纪念邮票；1980年11月发行了“中国重返国际奥委会一周年”邮票；1984年、1988年、1992年分别发行了奥运会纪念邮票；1996年发行了“奥运百年暨第二十六届奥运会”邮票。

在发行的这么多的奥运邮票中，特别值得一提的是，我国在1984年洛杉矶奥运会开幕前发行的一套六枚的纪念邮票，与我国运动员在这届奥运会上的比赛成绩竟有好几个巧合，这些巧合至今还是人们茶余饭后的谈资。

在这届奥运会上，女运动员吴小旋夺得了射击比赛金牌，成为我国历史上第一个奥运会女冠军，而这套邮票第一枚的图案就是一个女射击运动员。

这套邮票第四枚的图案是“体操项目鞍马”，面值“10 分”，而在这届奥运会的“鞍马”决赛中，李宁正好得了一个“10 分”。

这套邮票的第五枚，即倒数第二枚的主题是“女排”，而我国女排获得的金牌也恰好是我国 15 枚金牌中的倒数第二枚。这枚邮票的面值是“20 分”，而我国女排在这届奥运会决赛中三局比分加起来正好赢了美国女排“20 分”。

女运动员周继红在跳台跳水比赛中夺得最后一枚金牌，而这套邮票最后一枚的图案又正好是一个女跳水运动员。

这真是令人叫绝的巧合。

欧洲杯的巧合

在 2004 年葡萄牙欧洲杯足球赛中，贝克汉姆于里斯本卢斯球场的两次点球失误使得夺冠热门英格兰队败北葡萄牙队，葡萄牙队最终挺进决赛，与希腊队一同争夺本届欧洲杯的冠军。而这一对阵也使得本届欧洲杯决赛变成了揭幕战的翻版（揭幕战也是葡萄牙对阵希腊），这是欧洲杯 44 年历史上的头一遭，仿佛 23 天的比赛只不过是两支球队的一场游戏。其实，荷兰队在 1988 年欧洲杯也有过与葡萄牙队在本届欧洲杯相同的情况，只不过荷兰队的首场比赛并不是揭幕战而已。而如果东道主葡萄牙队在 2004 年欧洲杯夺冠，那他们的命运将与 1988 年的东道主荷兰队一模一样——都作为欧洲杯东道主夺冠，这就是巧合。

在欧洲杯的历史上，每一届都有东道主球队杀进 4 强，而且东道主一旦杀进决赛就能够夺冠。在 1988 年之前，东道主获得了 3 个冠军、1 个季军。从 1988 年开始，东道主连续 4 届都是获得季军。而如果葡萄牙队当日清晨夺冠的话，还将延续欧洲杯东道主“逢 4 的年份夺冠”的宿命，就像 1964 年的西班牙队和 1984 年的法国队一样。

2004 年欧洲杯 1 / 4 决赛结束后，欧洲 5 大联赛的国家队全部出局，其中西班牙队、意大利队和德国队在小组赛就已经出局。这样的局面与 2004 年欧洲冠军联赛的格局何其相似，这就证明其实本届欧洲杯并不存在“冷门”，这一切在欧洲冠军联赛上已经有了苗头，我们不应该只是说这是一种巧合，更应该清晰地知道这是欧洲足球发展到如今的一种必然。

英格兰队除了本届欧洲杯上是因为在“点球大战”中负于葡萄牙队外，在 1990 年的世界杯、1996 年的欧洲杯和 1998 年的世界杯上，都是在“点球大战”中被淘汰出局。有意思的是，贝克汉姆在本届欧洲杯上陷入了“点球魔咒”，他先是在小组赛对阵法国队时射失一个点球，导致英格兰队被法国队“逆转”击败，后在 1 / 4 决赛的“点球大战”中又一次射失点球。巧合的是，小贝射失两次点球的地方都是卢斯球场。

而荷兰队终于在本届欧洲杯上改写了 12 年的“点球厄运”，他们在 1/4 决赛中凭借点球以 6：5 击败瑞典队。

意大利队又一次博得了大家的同情，由于瑞典队和丹麦队打成 2:2，卡萨诺终于打进本届欧洲杯最“悲情”的进球，意大利队成为欧洲杯历史上第一支一场不败依然被淘汰的球队。

本届比赛瑞典队和丹麦队的“默契球”跟 2002 年韩日世界杯的“黑哨”一样让意大利人找到了借口，而这次他们的出局也与 1996 年欧洲杯时何其相似。

泄密的字谜

诺曼底登陆是第二次世界大战中转折性的战役，它的成功帮助战争取得了胜利。可是又有谁知道，就在 1944 年诺曼底登陆战役之前，一个意外的事件震惊了英国保安部门。

1944 年 5 月下旬的一天，英国最高司令部一位参谋乘火车上班时闲坐无聊，便猜起了《每日电讯报》上的字谜消磨时间。猜出第一个单词时这个参谋不禁大吃一惊，因为谜底竟是诺曼底作战计划中两个主要登陆点之一的代号“犹他”！更让他吃惊的是，第二个字谜的谜底竟是另一个登陆点的代号“奥马哈”！他接着猜下去，一连串诺曼底登陆计划中的重要机密陆续出现。其中，有盟军在西北欧战略计划的代号“霸王”，有秘密修建的海港代号“桑树”，有大举进攻计划的代号“尼普顿”……这位参谋顿时目瞪口呆。

他赶紧向保安部门汇报了这件事情，而他的意外发现也使盟军面临一场严重的危机。保安部门非常重视这件事情，他们觉得这是一个严重的泄密事件。

保安部门立即将字谜作者秘密逮捕。在调查中发现，作者只是一个普通的小学校长。小学校长说：“这个字谜只是我用来娱乐的，并没有什么秘密，而且我对机密事件根本就不感兴趣，我感兴趣的只有我的家庭与我的学生。”保密部门知道了情况后，就释放了这位普通的小学校长。因为他们发现，字谜是在发表前 6 个月编成的，而那时盟军的“尼普顿”计划尚未制订。很显然，这次的疑似“重大泄密事件”不过是一场罕见的巧合。

神秘的史前超文明

埃及是四大文明古国之一，而金字塔可谓是其古老文明的标志。埃及法老的尸体被制成木乃伊保存在这里，从这看来金字塔似乎只不过是一座座用以盛装尸体的坟墓而已。但你是否会提出这样的一个问题：这些坟墓为什么不是方形的呢？现代科学的实验证明，金字塔形容器具有独到的防腐性能，它能利用微波振荡形式防腐，是保存尸体的绝妙方式。

然而，这一切现代才证明了的方法竟被古代的埃及人使用，难道这是偶然吗？再有，建造金字塔所用的如此多的巨大石块，就是用现代的设备来搬运也足以令人们绞尽脑汁，而在缺少人力物力的古埃及，是什么力量使得这些庞然大物规整地排列成这副模样呢？

无独有偶，在远隔重洋的南美洲，玛雅人和印加人也建造了同样类型的金字塔。这仅仅是巧合吗？我们姑且认为金字塔防腐性原理古埃及人并不知晓，建造金字塔形只不过是一种巧合，而搬运石块也是用的人力（假设这些），这一切都是偶然的，但下面一例就不能说仅仅是巧合了。

据考古学证明，几百年来非洲马里的多根部落一直在拜祭一颗肉眼无法看见的恒星——天狼 β 星。就连小型望远镜都难以将其从天狼星的辉光中分辨出来，何况多根人仅用肉眼。更为奇怪的是，多根人还知道它是在以椭圆形轨道绕天狼星运转，知道它的运转周期，知道它有很大的比重，并且知道它含有一种地球上所没有的物质。直到 1865 年天文学家才用大望远镜发现天狼 β 星，后来发现它有椭圆形轨道；到 20 世纪，方才测出天狼 β 星的比重约为每立方米 5.6 万千克，这与多根人所知道的是多么的吻合呀！然而这是近代利用了先进的仪器设备才发现的，且到现在为止都未真正发现天狼 β 星上所含的地球上没有的那种物质，这是否说明现代人的科学水平还不如千百年前多根人的科学水平高呢？显然不是。那多根人到底是通过什么方法准确地知道这么多关于天狼 β 星的奥秘的呢？

中美洲印第安人的霍皮斯部落，在他们的编年史里记载着地球的三次特大灾难：第一次是火山爆发；第二次是地球脱离轴心后疯狂地旋转；第三次是 1.2 万年前的特大洪水。这第三次灾难曾使全球的水位上升，淹没了大西洋、地中海、加勒比海等地区的一些陆地及岛屿，后来海底火山的爆发又使部分陆地下沉形成全球性的特大洪水，这场洪水使得一个具有高度文明的国家顷刻间变得无影无踪。这就是现在最常见的一种关于古代高度文明的发源地——大西国失踪的说法，其出处最早见于古希腊哲学家柏拉图的著作《齐麦观》和《克里奇》中。柏拉图在著作中写道：公元前 9600 年左右，存在一个名叫亚特兰蒂斯的地方，其陆地面积比小亚西亚与北非之和还要大，这里气候温和，森林茂盛，文化水平相当发达，人口估计有 3030 万，这个大陆由于一次特大洪水一夜之间便沉入了海底。这个故事与印第安人记录的那一次 1.2 万年前的特大洪水不谋而合。

我国《藏经》中记载，公元前 9564 年，位于今天巴哈马群岛、加勒比海以及墨西哥湾处的一片大陆地可能沉入了大西洋。暂且不管写《藏经》的人是怎样知道这件事的，但从时间上看这与大西国的传说有着惊人的相似之处。再如有关诺亚方舟、大禹治水等等传说，都说明在公元前 10000—前 9000 年，的确发生过一场全球性的特大洪水，可能毁灭了一个已具有高度文明的国家。如果这个文明社会确实曾经存在过的话，那南美与非洲一些惊人相似的奇迹就有可能共同来源于亚特兰蒂斯人，其创造奇迹所需的技术亦极可能是亚特兰蒂斯人提供的，而印第安人和多根人所具有的天文学、数学等知识也是由亚特蒂斯人传播而来的。大西国不但将其自己的文明传播给了印第安人和非洲人，而且充当了南美和非洲之间文化的媒介，它的存在对当时整个地球文明的发展起着巨大的推动作用，要不是那场灾难性洪水的袭击，说不定目前地球实际文明会比现在高得多。虽然说从大量证据来看，大西国的存在是可以肯定了，但我们终究没有拿出一个真正的物证来，甚至连亚特兰蒂斯大陆的确切位置还众说不一。

林肯与肯尼迪的巧合之处

大家应该都知道美国的两任总统林肯和肯尼迪吧，他们两人除了名字有一个“肯”字相重之外，还有很多的巧合之处，下面就来一一介绍：

1. 林肯于 1860 年被选为总统，整整 100 年以后之即 1960 年，肯尼迪当选为总统。

2. 两人都深深卷入黑人公民权的问题之中。

3. 两人都在星期五且他们的夫人在场的情况下遇刺。

4. 两位总统夫人在白宫生活期间各失一子。

5. 两位总统都因子弹从背后击中头部而死。

6. 林肯死于福特剧院，而肯尼迪死于由福特公司制造的林肯牌敞篷车中。

7. 两人死后总统一职都由名叫约翰逊的副总统接任，他们都是南部民主党人和前参议员。

8. 安德鲁·约翰逊生于 1808 年，林凳·约翰逊生于整整 100 年后的 1908 年。

9. 林肯私人秘书的名字与肯尼迪相同，都叫约翰；而肯尼迪私人秘书的姓与林肯相同，都是林肯。

10. 刺杀林肯的凶手生于1839年，刺杀肯尼迪的凶手出生在整整100年以后的1939年。

11. 两名刺客均在送审前遭到暗杀。

12. 林肯和肯尼迪的名字都是由7个英文字母组成。

13. 两名接任的副总统的名字都是由13个英文字母组成。

14. 两名凶手的名字都是由15个英文字母组成。

意大利国王与另一个“自己”

1900年7月20日，意大利国王翁贝托一世为了出席次日在意大利北部城市蒙扎举行的运动会来到蒙扎市，与随行的巴格利亚将军一同来到一家餐馆进餐。

在餐馆里，国王的目光像被磁铁吸住一般，紧紧盯住了正忙着招呼客人的长着白胡子的餐馆老板。因为他觉得那个老者十分面熟，好像在什么地方见过，于是他就让跟随自己来的巴格利将军将老者叫了过来。

将军把老板带到了国王面前，老板诚惶诚恐地低下头说道：“陛下，您一定在镜子里看到过我的脸，非常荣幸，很多人说我长得和陛下很相像。请陛下饶恕我对您无意的冒犯。”将军听此不禁愣住了，这位老板的嗓音与国王的嗓音相似到难以分辨。

“你叫什么名字?”国王感到仿佛真的是在面对镜子和自己说话。

老板随即回答：“和您一样，叫翁贝托。从1844年3月14日上午10点30分诞生到这个世界时开始，我就一直是这个名字。”

国王一听，吃惊得差点蹦了起来："什么？1844 年 3 月 14 日上午 10 点 30 分？这是我的出生时间啊！那么，出生地点呢？"

"是都灵，陛下。"老板毕恭毕敬地回答。

"都灵？我也是在那里出生的呀！"国王十分惊讶，"翁贝托先生，你肯定早就结婚了吧？"

"是的，陛下。我 1866 年 4 月 2 日举行的婚礼，妻子叫玛格丽特。"

"天哪！和我同一天结婚，皇后的教名也叫玛格丽特。"国王喃喃私语，感觉好像在梦中一样。

"翁贝托先生，你的孩子呢？"

"贱民有一犬子，叫维托里奥。"

"嘿！和皇太子一样的名字！"国王几乎要晕过去了。

"那么，你是从什么时候开始开餐馆的？"

"1878 年 1 月 7 日，陛下。"

"啊！这正是我登上意大利王位的日子。彼此居然如此相似，真令人难以相信。太好了！明天我要出席运动会的开幕式，你也来参加吧！我要送些纪念品给你。"

餐馆老板受宠若惊，朝国王深深鞠了一躬，小心翼翼地退了下去。

第二天在运动会开幕式上，国王专门指派大臣在会场寻找老板，结果却未找到。这时，巴格利亚将军前来报告："陛下，那个白胡子老人刚才突然去世了，他是在擦拭手枪时不小心走了火被打死的。"

"啊，这太惨了，我得去参加他的葬礼……"国王话音未落，突然身旁窜出一个刺客，用手枪朝着他连发数枪。就这样，国王翁贝托一世的葬礼与餐馆老板的葬礼同时举行。

两个同名妇女同时离婚

台湾苗栗县有两个同名同姓的妇人，分别为58岁与47岁。她们都生有三名子女，并且都因丈夫好赌被拖累，不约而同向法院诉请离婚获准。法官原先以为两案是同一人，得知两人同名同姓且际遇相同，不禁感叹造化弄人。

这两名谢姓妇人中年长的一位结婚已36年，她告诉法官说："我丈夫酗酒、好赌，经常打骂我，甚至有时候还拿菜刀说要杀我。而且，他从来不帮我做任何事情，一天到晚游手好闲，仅靠我赚的钱来养活全家。更可气的是，他只要赌博输了钱，一回到家就向我要钱。我哪有那么多的钱给他赌博？而且他也从来就没有赢过什么钱回家，所以我经常不愿意给。可是如果我不给，他就会打我。我觉得这样的日子过够了，再也过不下去了。请法院批准我们离婚。"

较年轻的谢姓妇人则结婚20多年，丈夫同样沉迷赌博，积欠多笔赌债，常有人上门讨债，让家人提心吊胆。较年轻的谢姓妇人说："这样的日子再也没法过了，我一定要离婚，不离婚我就不想活了。因为债台高筑，已经无力偿还，我丈夫竟将家中的金饰变卖，房屋、汽车都设定质押借款，并申办多张信用卡、现金卡使用。真是太气人了，他这样子拖累家人，这种日子再也没法过了。"

这两起离婚案判决时间仅相隔两天，两人同名同姓且人生际遇雷同，连法官都认为太巧了。

第十一章
天赐之合

在我们生活的地球上，每天都在发生着许多奇妙的事情，甚至每一个时刻都在产生着奇迹。这些奇迹很难用常理来解释，它们更像是上天刻意的安排、故意的玩笑或特意的惊喜。因为一些未知的机缘巧合，这些看似离奇的故事真实地发生了。

及时出现的钥匙

威廉德是美国的一位独身妇女，她很喜欢旅行，并且已经达到一种近似疯狂的地步。她每隔一段时间就要出去游玩一次，大部分时间都用在了旅游上。

有一次，当她从外地旅行回来之后，翻遍了所有装东西的口袋都没能找到自家的钥匙。她只好一个人孤单地站在大门外，没有任何可想的办法，因为她唯一的亲人住在很远的另一座城市。旅途的疲惫让她感到非常的焦躁不安，正当她站在门口看着紧锁的大门而感到着急时，一位邮递员给她送来了一封信。

打开信后威廉德尖叫了起来，因为信中夹着一把钥匙，而那把钥匙恰恰就是自己家的。真是天降及时雨，解决了威廉德丢失钥匙的难题。威廉德的哥哥在信中称，上次他去华盛顿来探访妹妹时，威廉德曾给了他一把多余的大门钥匙，可他回去时却忘记还给她，所以只好用信寄给她了。

她的哥哥万万没有想到他所寄出的这封信就在妹妹被家门挡住时及时送到了她的手中，这不能不说是一个及时的巧合。

疯狂的球迷

在澳大利亚有一个狂热的球迷，大家叫他托得，他最喜欢看足球比赛了，并且一有机会就会到现场去观看比赛，可以说逢场必看。1990年的一天，有一场他期待已久的比赛在就要开始了，他飞快地奔到比赛现场，找了一个人少的地方坐下。那个时候，他正好带着一本当地邮局印刷的电话号码簿。托得聚精会神地看着场地里球员的变化，紧张而又激烈的比赛让他变得十分激动，好像自己就是那赛场上拼杀的球员。他控制不住自己的情绪，手舞足蹈起来，完全进入了忘我的境界，随手竟然将电话号码簿中的纸张撕成了碎片，并且撒向空中。

纸片漫天飞舞缓缓飘落，似乎增添了现场的些许气氛，这时托得也没有注意到自己的言行有些过头了，还一个劲地在呐喊，似乎他的喊声能帮助比赛的球员们。这时，一张碎片飘到了他的脸上，他感觉有些痒，便随手捡了起来，不经意地扫了一眼。当他看到碎纸片上的文字之后，眼睛都直了，因为太巧合了，那张碎纸上居然写着托得的名字、地址和电话号码。在偌大的电话号码簿中，他的名字只是微不足道的一点，在这一点微小的纸片中居然有这么大的巧合，其他散落的纸片都没有进入他的视线，唯独这一片，实在是太神奇了！

马克·吐温与哈雷彗星

马克·吐温是美国著名的小说家、幽默作家，他的著作有着让人们着迷的地方，能让人不禁为之感动。可是，很少有人会知道马克·吐温这位伟大的作家，他的出生与逝世跟哈雷彗星之间似乎有着一种难以说清的联系。

在1835年也就是马克·吐温出生的那年，哈雷彗星出现了。而到了1909年，哈雷彗星将要再次出现的前一年，马克·吐温好像知道自己即将离开人世一样，无限感慨地说："我出生的那一年，哈雷彗星出现了。明年它再次出现时，我希望能随着它的到来而离去。"结果，在1910年哈雷彗星再次出现的第二天，马克·吐温与世长辞。

难道说哈雷彗星跟这位伟大的作家之间真的有什么特殊的联系吗？还是只是一种离奇的巧合呢？这确实有值得令人回味的地方。

能预测中奖号码的报纸

这绝对是一个错误，但谁又曾料想到，这次的错误对下一次来说却是准确无误的。这是发生在美国一家报纸上的事。

2000年6月28日，这家报社在公布一次抽奖得奖数字的时候，由于一名工作人员的疏忽，写成了一组错误的数字：6855。为此，这位工作人员受到了报社的惩罚，险些丢了工作。因为报错中奖数字带来的影响是无法预计的，许多彩民可能再也不相信这家报纸了，而报社的信誉度如果因此下降，那么带来的损失将是无法估计的。可是没想到的是，当下一期的抽奖数字出来之后，所有人都感到无比震惊，因为得奖号码竟是6855，就是上期所公布的那组错误数字。这家报社报错的号码居然让大家认为他们有什么内幕消息，所以以后每期都关注这家报纸，希望能在此报纸上找到一些蛛丝马迹。就因为这些，此报社的知名度越来越大，而那位曾经报错数字的工作人员也因此得到了嘉奖，真是因祸得福呀。

因书结缘

安东尼·霍普金斯是英国的一名演员，有一天，他乘车到伦敦去买一本书，因为他将在改编自这本书的电影中担任主角。然而，他找遍了整个伦敦也没找到这本书，正当他准备回家时，发现路边长凳上有本被人丢弃的书，他拿过来一看，正是他要找的那本书。两年后，这本书的作者拜访了安东尼，并提起自己都没有这本书，因为唯一的一本被朋友借去丢在了一个长凳上。

安东尼回想起自己得到那本书的经历，感到大为吃惊，便将两年前捡到那本书的经过说了出来。原来安东尼那天捡到的书，恰恰是作者借出去的那本。

他们为这件事感到惊奇的同时，觉得这是一种难以说清的缘分。安东尼把那本书物归原主，而后他们也成了好朋友。

两次诺曼底登陆

我们都知道在第二次世界大战中，诺曼底登陆使得当时的整个战局发生了扭转，可是又有谁知道在历史上其实有两次著名的诺曼底登陆事件，而这两次登陆事件都对世界历史带来了巨大的影响。

第一次是在 1066 年，威廉一世从诺曼底登陆并征服了英格兰，另一次就是著名的第二次世界大战时期的诺曼底登陆。两次的主要指挥将领都叫蒙哥马利，一个协助威廉一世，另一个协助艾森豪威尔。第一次的登陆让第一批主要的犹太人移民英国，第二次的登陆让犹太人重返以色列。

无亲缘关系的“双胞胎”

美国人埃米尔·玛吉斯和约翰·托勒看起来就像一对一模一样的双胞胎，但他们俩却丝毫没有亲缘关系。

他们是在美国堪萨斯城的一家书店相遇的，当他们彼此了解后才发现自己跟对方竟是如此相似：妻子都是金发碧眼，都叫玛丽；他们都有4个孩子，年龄分别为7岁、9岁、10岁和12岁；他们都在银行工作，都爱好收集邮票和硬币；最奇特的是两人左肩上都有鸡蛋状的胎记。

不仅如此，两人还都是业余拳击手，都驾驶着1983年产的MG敞篷车，还都喜欢吃墨西哥菜肴。托勒今年47岁，比埃米尔大2岁。托勒说："虽然没有亲缘关系，但埃米尔和我长得一模一样，我们分别在大西洋两岸出生，埃米尔来自比利时布鲁塞尔，而我是堪萨斯土生土长的。我们确定自己都不是别人领养的，所以不可能是出生就分开的双胞胎"。

经医院权威的DNA鉴定，证实他们根本没有任何血缘关系。

救命的流星

斯求阿特·瓦特夫妇是在非洲承继了利文斯通精神的英国传教士，与他们4个年幼的孩子一起传播为神之道。

但是，在他们传教的地区居住着一个狂热的民族，随时都可能爆发叛乱。驻守在这一地区的英国行政官员想派武装士兵将瓦特一家护送到安全地带，但有着浓厚畏神之心的瓦特夫妇不肯离开当地，说："我们生、死都应该在神灵召唤、赐予我们的地方。"

一天，几千名充满杀机的土著人手持弓箭，将传教所所在的地方团团围住，呼喊着越过栅栏，逼近建筑物。瓦特夫妇在家中双膝跪地，祈求神灵的保佑。孩子们也合着小手虔诚祈祷，他们一家人的生命危在须臾。

正在这时，随着一声巨响，炫目的奇光划过夜空，一团火焰从人们头顶飞过。野蛮人顿时被惊住了，他们以为是世界末日来临了，当下四散而逃。自此之后，他们再也不敢袭击瓦特夫妇了。其实，那不过是关键时刻，恰巧有一颗巨大的流星陨落而已。

骗子遇上老千

这是发生在 1943 年 10 月 28 日的事。那天深夜，一个自称是阿尔巴尼亚人的矮个子走进了德国驻土耳其大使馆，声称要见大使馆的最高负责人齐什。齐什名义上是大使馆商务参赞，实际上是德国使馆情报处的头目。他对这个矮个子的来访充满了好奇，便问他有什么事。矮个子告诉齐什，他叫道伯罗，手中有一份绝密情报胶卷，必须付高价才能得到它。

两天之后，齐什又单独秘密地接见了道伯罗，并支付了一笔巨款，从道伯罗手里买下了胶卷。齐什将胶卷洗出放大后，仔细审视和分析了照片，大为惊喜。因为照片拍摄的文件上有英国派到土耳其的间谍名单、美国向苏联提供武器的种类等重要内容，这对德国纳粹部署指挥第二次世界大战，控制交战国苏、美、英十分有利。

这样重要的情报，那个自称是阿尔巴尼亚人的道伯罗是怎样获得的呢？德国驻土耳其大使馆对道伯罗窃取绝密文件的手法非常感兴趣。

原来道伯罗是个音乐爱好者，对意大利古典歌剧十分熟悉。由于共同的爱好，他结识了英国驻土耳其大使，并且将自己珍藏的意大利歌剧唱片无代价地赠送给英国大使，还陪他一起饮酒、欣赏音乐。取得了英国大使宠爱和信任的道伯罗之后当了大使的贴身侍从，与大使形影不离。他仔细观察大使的一举一动，注意他可能出现的疏漏之处。终于机会来了！他从衣柜的一件西装口袋里找到了大使忘记带走的一把钥匙。他找人复制了一把，并用这把钥匙打开了大使馆的保险箱，偷拍了机密文件。从此，他不断地向德国商务参赞齐什提供重要情报。

当时英、美、苏等国正在拉拢土耳其，动员其参加对德战争。德国探知这一情报后，立刻通知派驻在土耳其的德国大使，要他出面威胁土耳其，使其保持中立。德国大使在会见土耳其外长时，谈话中过多地引用了道伯罗所提供的文件内容，立刻引起了土耳其外长的怀疑。他断定英国驻土耳其大使馆里出了问题，于是马上召见英国大使，并说明德国已经非常准确、具体地掌握了有关情报。

第二天，英国政府派来了专家，在大使馆里安装了精密的报警装置，防止以后再发生不测事件。然而，情报仍不断地泄露出去。原来，道伯罗把精密的报警装置破坏了，使它失去了报警的功能。

不过好景不长，后来英国大使馆派人监视道伯罗，发现他经常出入德国使馆。然而英国大使并没有对他采取其他行动，只是把他赶走了，因为土耳其已经加入美、英、苏同盟国，一起对德开战。

道伯罗感到十分轻松自在，他乘上飞机来到拉丁美洲，打算改名换姓当一个大企业家，他的皮包里装满了用出卖情报换来的百万英镑。他找了一家豪华饭店住下，他要好好地休息、享受。可是他做梦也想不到的是，当他仔细清点那笔钞票时，却发现德国商务参赞齐什给他的货币原来都是假的。

回力镖报险情

暮色渐渐地笼罩了澳大利亚雪山，连绵起伏的雪山在苍茫的暮色中闪烁着神秘的光泽，而一片荒野的四周是也显得格外静谧。独自一人来攀登雪山的朱那汉·巴利猛然间发现，左上方的一块岩石突然活动起来，也就在片刻之后，那块岩石骨碌碌地从白茫茫的雪山半山腰滑落下来。“糟了，雪崩!”朱那汉·巴利脑中闪过这个念头，随即本能地想抓住点什么。然而，“轰隆隆”一声巨响传来，大大小小的石头相互推动，飞滚而下，扬起漫天的雪雾。

巴利的身子紧紧贴在雪山上，双手牢牢地攀住一块突起的尖石头。忽然，他感到背上像被什么东西猛击了一下，双手不由地松开了。巴利绝望地紧闭双眼，整个人完全失去了控制，从山坡滚了下去……一阵剧痛使昏迷过去的巴利渐渐苏醒了，他意识到自己还活着，便挣扎着想挪动一下身体。可是，他浑身的骨头像散了架似的，怎么也动弹不了，只感到左腿一阵钻心的痛。这条腿估计已经断了，巴利悲哀地想，他无力地倒在地上。

这一刻，巴利真有些后悔，不该不听朋友的劝阻，独自一人来爬这座雪山。当时他凭着多年的爬山经验和年轻力壮的体魄，并没有把朋友的话放在心上。

“难道就这样等待死神的降临吗?”巴利默默地想，他不能就这样离开自己的亲人，告别自己挚爱的大自然。“不，我一定要想办法活下去!”想到这里，一股神奇的力量使他忘记了痛苦、饥寒和疲劳，开始迅速地思考获救的办法。

正在这时，远远的、灰蒙蒙的天空中出现了小小一点。巴利定睛一看，那个小点在移动，可能是一架飞机！巴利心中一阵狂喜，情不自禁地挥舞着双手。只要把飞机的注意力吸引到这里，他就有救了！

巴利一下子振作起来，艰难地抱着伤腿，在地上爬着寻找可以点燃的树枝。可是他失望地发现，这里到处都是光秃秃的，连半根树枝找不到，而且他的电筒、打火机也在滚下山时丢失了。

那个点越来越大，可以确认是架飞机了，并且在向这里靠近。怎么办？巴利急得手心都捏出了汗。

这时他的手触到了一个硬邦邦的东西，是他的背包，背包没有在滚落时丢失。巴利突然灵机一动，想到了自己带着的“武器”。他飞快地从背包里取出一把回力镖，这种镖是澳大利亚当地居民用坚木制成的。要知道巴利可是位飞镖专家，早在他还是个孩子的时候就迷上了飞镖，现在他无论到哪里，总要随身带着它们。

巴利似乎从他的回力镖上找到了生存的希望。他顾不上一阵阵袭来的伤痛，从包里找到了用作路途标记的荧光漆，迅速地涂在镖上，马上一支支回力镖就泛出了银闪闪的光泽。

这时，飞机已经出现在雪山上方，可以隐约看到它的轮廓了。巴利使尽全身力量站了起来，抡起右臂，一支接着一支地用回力镖向夜空中划着漂亮的弧线。与此同时，驾驶这架飞机的纳汉·赫莱惊奇地发现，在雪山上方的天空中有一种银光闪闪的东西飞到近似五层楼的高度，这可引起了他的注意。他降低飞行速度仔细观察，发现那银光闪闪的光在空中划出的竟是一个“S”形。紧接着，又出现了“O”，随后又是“S”，整个过程持续了 15 分钟。

赫莱意识到，这里一定有人遇到了危险。他立即向当局发出电讯，准确地通报了出事方位。一小时后，一架直升机降落在雪山附近，救援人员很快发现了又一次昏迷过去的巴利。

巴利用回力镖使自己获救的事引起了人们的兴趣，大家对这位顽强而聪明的年轻人充满了敬意。目前，巴利正在埋头研究，希望用回力镖通报紧急事故的新技术能得到广泛运用。

拯救救命恩人

1930 年 6 月的一天晚上，美国得克萨斯州埃尔帕索高速公路巡逻队队长阿兰·福尔比正在追逐一辆高速行驶的卡车。卡车转弯时减速，福尔比的汽车躲避不及撞在了卡车上。福尔比一条腿上的动脉断裂，这时恰好一辆车行驶过来并在旁边停住，司机阿尔弗莱得·史密斯下车后用一条止血带给福尔比止住了血。救护车随后赶到并将他送去了医院，这才救了他的命，保住了他的那条腿。几个月后，福尔比伤愈出院重新上班。

5 年后，福尔比在夜间巡逻时，收到无线电信号，说 80 号公路发生恶性事故，要他去救援。原来是一辆小汽车撞在树上，司机生命垂危，福尔比赶到现场时救护车尚未赶到，他发现车里的那个人已失去知觉，他的右腿动脉断裂，因失血过多已奄奄一息。福尔比用一条止血带竭力把血止住，这时他看了一眼受伤者的脸，这个人正是阿尔弗莱德·史密斯。

火柴盒奇缘

当英王爱德华七世还没有登上王位，还是威尔士亲王的时候，他就是一个狂热的猎狐者，常伴同他捕猎的人是一位名叫爱德华·A.萨森的演员。有一天，为表示对这位友人的尊敬，亲王给了他一个金火柴盒，上面还连着一根表链。萨森不论走到哪里都带着这个火柴盒，但有一天他外出捕猎时从马上摔了下来，火柴盒不见了，他到处搜寻也未能找到。于是萨森请人复制了一个，后来送给他的儿子利顿作为礼物。

利顿也是一个演员，他在澳大利亚旅行期间把这个金火柴盒送给了那里的一位朋友拉伯塔奇。当利顿回到英国时，他的兄弟乔治正骑马纵狗打猎，他同父亲一样也是一个狂热的猎狐者。那天他来到他们常去狩猎的一个旧庄园，当庄园主得知乔治是爱德华·A.萨森的儿子后，就将那个遗失了20年的金火柴盒交给了他。这个火柴盒是当天早晨一个庄园工人耕地时拾到的。

这件事发生时，利顿和乔治的兄弟、这一家的又一个演员爱德华·H.萨森正在美国旅行，乔治把这个惊人的消息写信告诉了他。当爱德华读到这封信时，他正同另一位演员亚瑟·劳伦斯在旅途的火车上，那天是他们初次相逢。爱德华把这件不可思议的事情告诉了劳伦斯，并对那个复制的火柴盒的下落表示关切。这时，只见劳伦斯从衣袋里掏出一根表链拿到爱德华眼前晃动着，上面挂着一个金的火柴盒，那正是拉伯塔奇先生送给他的。

因布丁结缘的忘年交

葡萄干布丁与其说是法国特产不如说是英国特产。不过法国人埃米尔·德尚在大约1800年，当他还在奥尔良一所边境学校读书的时候，就从一位刚从英国回来的福特吉卜先生那里尝过一块，他对这种点心的美味难以忘怀。

10年后，有一次德尚正从巴黎的一家饭店门口走过，看见里面有一块非常精美的葡萄干布丁，于是就走进去想购买一片，可是却被告知这块布丁已经被另一个顾客买下了。“福特吉卜先生，”柜台里的女招待向一位正走过来的顾客喊道，“你能不能把这块布丁让一点给这位先生?”这位福特吉卜先生正是曾经送给德尚葡萄干布丁的那一位，他现在已是老人了，头发稀疏，穿着一件上校军服。他非常高兴能再次同德尚共享布丁。两人互致问候之后，一同回想起了10年前吃过的葡萄干布丁。

又是很多年过去了，德尚应邀去参加一个晚宴，他被告知宴会上将供应葡萄干布丁。“既然这样，我想福特吉卜先生也会光临的。”德尚把他的故事讲给女主人听，女主人觉得很有趣。

宴会当晚，当吃过肉菜之后，一块巨大的葡萄干布丁被端上来放在了客人面前。就在这时门开了，福特吉卜先生慢悠悠地走了进来。现在他已经是老态龙钟了，原来他弄错了要去地方的地址，他是误闯入这次宴会的。

《山海经》与世界大陆

我国古代的文学作品《山海经》，可以说是世界上最古老的有关地理的著作，该书记载了公元前2500年的山川、民族、物产等情况。可是到了公元前3世纪，人们发现书中所包含的地理学内容和已知的陆地对不上号，于是《山海经》就被列为怪诞的神话，被认为是编撰此书作者的谎言。但是几年前，美国的科学家在重新鉴定其中的若干篇章时，惊奇地发现了它的重大价值。科学家发现，书中《东山经》有四卷描述“东海”以外的山川形势，竟与中国东海以外的太平洋彼岸——北美洲中西部的地形神奇地契合。《东山经》不仅描绘了那里的地理，而且每一卷还描述了当地的风物。

在《山海经》的第九经和第十经里，还描述了美洲不少地方。第十四经中描述的“光华之后”、“河水流进无尽深渊”、“日生如此”等，任何一个曾经在北美科罗拉多大峡谷旅行和观赏过日出的人，都会极明显地看出这些内容指的正是那里。此外，还有不少笔墨是描述五大湖及密西西比河域等北美东部地区的情况的。

偶遇另一个“自己”

埃里克·W.史密斯是英国制铁公司的冶金学家，住在谢菲尔德郊区名叫埃克莱萨的地方。他的屋后是一片树林，人们常到那里骑乘和散步。史密斯习惯于在林中漫步，他很享受那里静谧和平的气氛，同时还可以捡点马粪施在他的番茄地里。为此，他随身都会携带一个簸箕和一个旧的油布袋。

1950年末的一天，他正在慢慢沿着林间小路走着，不时停下来铲起马粪。这时他看到一个人顺着小路慢慢向他走来，也不时弯下身子铲起什么东西。史密斯想，这肯定又是一个捡拾马粪的人。

在两人之间同样远处有一只长椅，他们俩同时走到那里坐了下来。那个陌生人也带着一个簸箕和与史密斯一样的油布袋，原来两个人都是到树林里捡马粪为他们的番茄地积肥的。既然已经坐到一起，就不能不打打交道。史密斯拿出自己的烟斗和烟丝罐，那个人也掏出一个烟斗。史密斯朝那个人递上一斗烟丝，“噢，不，谢谢，”那人说，“我抽我自己这个牌子的。”说着他拿出自己的烟丝——和史密斯的是同一个牌子。

这下他们两人都感到有些奇怪和吃惊了，便接着交谈下去，没想到他们的相同之处竟然那么多。

“我姓史密斯。”史密斯说。

“我也姓史密斯。”那人答道。

“我叫埃里克·史密斯。”第一个史密斯说，

“我也叫埃里克·史密斯。”第二个史密斯回答。

“埃里克·W.史密斯。”

“我也是。”

“我的‘W’是‘沃尔泽’的缩写。”第一个史密斯说。

“噢，这回我们就不一样了，我的‘W’代表‘沃尔特’。”

第十二章

家族奇缘

每个人都有自己的家族，与有血缘联系的亲人们在一起本就有一种奇特的感觉，亲切而温暖。而在家族中，常会发生一些令人感到惊奇的巧合之处，诸如夫妻俩同生同死、十二生肖占全一家人等等，无不让人惊讶感叹。

奇怪的出生日期

在英国伦敦的比尔德家，所有成员的出生日期可谓凑巧得有点离奇，祖母、父亲、母亲和女儿的出生日期全部成双成对，分别是 10 月 10 日、11 月 11 日、4 月 4 日和 12 月 12 日。

当比尔德在 11 月 11 日出生的时候，祖母就为这个巧合高兴得合不拢嘴。因为她自己是 10 月 10 日出生的，家人都觉得这是一个奇迹。

长大后的比尔德在一家电子公司上班，公司里有一女孩叫罗丝，长得非常漂亮，追她的人非常多。比尔德也非常喜欢她，但因为觉得自己条件平平，而追求她的人又实在太多，所以没有抱任何的希望，只是淡淡地和她相处。而罗丝却觉得比尔德这个人非常有意思，不像其他人那样做出一些令她厌烦的事情。有一次，两人不约而同地到一个旅游景点旅游，当他们相遇的那一刻，两人都惊喜不已。

从那以后，他们经常在一起会面。两人都喜欢旅游，所以经常相约去爬山。慢慢地，两人都感觉离不开对方了。一天，两人在街上散步的时候被罗丝的母亲看到了，罗丝的母亲一眼就喜欢上了比尔德，她高兴地对女儿说："你什么时候带这个帅小伙来家里做客吧，这个小伙子不错。"于是在接下来的日子里，比尔德顺理成章地成了罗丝的丈夫。

他们结婚的时候比尔德才知道，罗丝原来是 4 月 4 日出生的。这个成双成对的生日巧合让他们感到非常高兴，他们觉得两人在一起简直就是一种缘分，是上天的安排。

但想不到更凑巧的事情还在后头。一年以后，他们有了自己的孩子。他们的新生女婴竟然在12月12日中午12点12分出生，巧合得真令人难以置信。

共同点最多的夫妻

在南京朝天宫附近的张公桥小区有这么一对神奇的夫妇，丈夫叫余建林，妻子叫江根红，他们之间竟然有着20多处相同点。

这对夫妻不仅出生日期相同，身份证号码除了最末的数字之外完全相同，而且连他们的经历都有着神奇的相同之处。例如，他们曾经经过反复的求证和核实，结果证明他们不但是同年同月同日在同一家医院同一个产房出生的，而且几乎是同时来到这个世上的，都是在早晨，他们的母亲先后进的产房，只相差不到5分钟。

除了上面这些“相同”之外，他们还同血型、同托儿所、中学同校同届、同学历、同职业、父亲同单位同部门、母亲同单位同职业、在家同是排行老七、两家老大同届同班、两家同是八兄妹而且兄妹出生相隔年数相同，除了有这些相同点外，更神奇的是夫妻俩在右侧颈部都有一个相同的肉痣，肉痣长的位置以及大小也基本相同。有趣的是，这些相同之处没有一处是“刻意设置”的，而都是“天然形成”的。

或许是因为两个人身上有太多的相同之处，他们都特别珍惜这份缘，每次下班回来，两个人都抢着做家务。有了女儿后，他们从自己的名字中各取一个字，给女儿起了一个很特别的名字：余江。

都是从事会计工作的这对夫妻说，同年同月同日生的人有许多，但能成为夫妻的就很少了，像他们这样有这么多相同之处的就更少了，他们觉得如今的幸福生活除了靠缘分之外，更多的是相互理解和体谅。

广州夫妇惊奇“七同”

在广州番禺区市桥镇有一对平凡但不普通的夫妇，因为他们足足有“七处相同”：同年同月同日出生、血型同是AB型、同单位、同职业，而且还是多门自考课程的同学。

这对夫妇男的叫吴贤洪，女的叫杨永松。两人都出生于1970年11月14日，不过按照吴贤洪的说法，两人的出生地和成长历程绝对是“风马牛不相及”，能走到一起只能用“缘分”来解释。

据了解，吴贤洪祖籍顺德，出生于清远，在韶关长大，1988年到番禺工作，先在一个电子厂上班，1992年进番禺人民广播电台做节目主持人。杨永松祖籍梅县，出生于四会，在那里读书长大，第一份工作是在四会电视台做新闻播音员，1995年调入番禺电视台做主持人，是当年的番禺电视“第一张脸”。同在番禺广播电视局共事几个月后，吴贤洪和杨永松有了第一次相处的机会，她对他一见钟情。此后在一次同游中，当他们各自拿出身份证登记住宿时，杨永松惊奇地发现两人居然是同年同月同日生。1996年6月18日，他们走进了婚姻的殿堂。

在之后的生活里，有意思的事情接踵而来。两人性格爱好十分相近，逛街、旅游、唱歌等都是两人一起，做许多决定也是不约而同，不过是谁先开口的问题；由于两人都太“完美主义”，两年来保姆一换再换，至今已经换了不下60人；在事业上双方的追求方向十分一致，因而他们还是两门自考大专和两门自考本科课程的同班同学……

夫妇俩的同事、番禺电台副台长齐格辉说：他们俩都是性格直率、做事认真的人，思维方式也很相似，似乎真是天生的一对。平时单位搞活动，他们都是夫唱妇随的，一起唱歌，一起演小品。

四年过一次生日的夫妻

很多人都说他们是天定姻缘，因为在同月同日出生并能结为夫妻，这样的姻缘非常罕见。陈家添和王秀琼就是这样一对恩爱的夫妻。

陈家添出生于1960年2月29日，而王秀琼则是在4年后的2月29日出生。巧的是，他们还结成了夫妇。夫妇同月同日生，而且都是4年才庆祝一次生日，这在当时成了一段佳话。

一般来说，要在茫茫人海中觅得同月同日生的伴侣，已非一件容易的事，更何况是每4年才出现一次的2月29日。但月下老人却特别眷顾陈家添和王秀琼，让他俩同在这一天出世，再让他们相遇、相知、相恋，继而结为夫妻，携手走过人生路。

目前从商的陈家添说：“当初我与太太认识时，并不知道她也和我一样，都是在 2 月 29 日出生。直到我们相互喜欢上对方，我准备在她生日时送上礼物的时候，才愕然发现原来两人竟是同月同日生。当时我吓了一跳，没想到世上竟有这么巧合的事。那一刻我决定，一定要好好地爱她，不让她伤心。”

他们俩的相恋浪漫而幸福，两人的心更可以说是紧紧地拴在了一起，自打结婚以来就没有红过脸。两人在很多兴趣爱好上也有相同之处，当然一些生活上的小摩擦在所难免，但一般都是陈家添先让步、投降，这使得他们的“战争”总是打不起来。

同日死亡的夫妻

1975 年 1 月，查尔斯·戴维斯没有带妻子儿子，一个人来到位于英国莱斯特市的姐姐家中度假。

查尔斯在姐姐家中度假的时候，情绪表现得非常的低落，同时他还在吃药。查尔斯的姐姐关心地问他：“你怎么啦？是不是发生了什么不愉快的事情？以前你来度假都是与家人一起来的呀。而且，你好像不太开心的样子，似乎还在吃药。你到底怎么了？”

查尔斯听姐姐这样问，顿时觉得自己很无助，便告诉姐姐自己得病了，医生说自己活不了多久了，因为不想妻子担心，所以只好借口来度假。其实，他是多么舍不得自己的家人呀。

查尔斯的姐姐听了之后非常伤心，当她知道是家族的遗传病时更是伤心得不得了。为了让弟弟在最后的日子里能够快快乐乐的，她尽量抽出时间陪他到处走走，陪他散心。原来，查尔斯本想告诉妻子实际情况的，可是因为这段时间妻子实在太忙了，忙得几乎整天不着家，看着她忙碌的样子，他实在没有勇气告诉她真相。

也就是在这个月 28 日凌晨 3 点左右，查尔斯·戴维斯突然死去。临死前，他要求姐姐能够抽出一些时间去陪陪自己的妻子，他说妻子肯定接受不了这个打击。姐姐含着眼泪答应了。当姐姐打电话到查尔斯在利兹的家，准备把这个不幸的消息告诉他的家人时，谁知道他的妻子也在同一天凌晨 3 点突然离开了人世，就好像事先跟自己的丈夫约好了一样。

母女和婆媳同日去世

2001 年 2 月 21 日，江苏南京发生了一件稀奇的“巧”事，四位属牛的老太太(分别为母女、婆媳）在同一天死去。

其中这对母女的感情非常好。她们住在南京市五佰村，女儿非常孝顺，出嫁之后便把母亲也接了过来。母亲苏老太现年 80 岁了，身体一向比较好，可是 2 月 21 日凌晨，母亲苏老太却突然去世。

65 岁的女儿艾老太十分伤心，她一看到母亲的遗物就止不住地流泪。一家人强忍悲痛为苏老太举行了葬礼，葬礼结束后，他们将苏老太送往浦口东门火化。

当天晚上 8 点多，艾老太捧着母亲的骨灰盒离开火葬场准备登车返家时，忽然捧住心口喊疼，随后一头栽倒在地。家人慌慌张张地把她扶起来，并且将她火速送往浦口医院，医院也立即准备进行抢救。但是，当医生仔细检查了艾老太之后，并没有对她进行抢救。医生非常遗憾地对家人说："人已经死了，再实施抢救也没有用了，请你们节哀吧。"

无巧不成书，该市大厂区的一对婆媳也于同一天死去。婆婆也是 80 岁，媳妇也是 65 岁。婆媳平日感情非常深，就像母女一样。婆婆也是当天早晨猝死，媳妇悲伤过度，一下子病倒了。正当家人着急地找医生时，媳妇已经不行了，并于当晚撒手人寰。

据说，这两家同于 24 日开追悼会，前者在浦口东门，后者在六合。

恩爱夫妻，同生共死

在四川省绵阳市游仙区街子乡二村有一对同年同月同日出生的夫妇，他们于同年同月同日病逝，这在当地传为佳话。

这对老夫妻男的叫赵永发，女的叫常桂英，二位同生于 1904 年 3 月 24 日。据说，两人属于自由恋爱。两人相爱之后，赵永发问常桂英的生日，当她说出自己的生日后，赵永发惊喜不已，因为他们竟然是同年同月同日出生。正因为如此，他们两个格外珍惜这段缘分。当他们的爱情成熟后，两人去登记结婚，工作人员对他们两个竟然是同年同月同日出生也感到惊奇不已。

自二人结婚以来，70多年的生活中从未发生过争吵，也从未红过脸。夫妻俩相敬如宾，养育的三男二女也都成材立业、孝顺识理，现共有儿孙54人。1997年6月3日，二老同时生病，被送进医院，晚上8点刚过，老太婆因抢救无效病逝。老头强忍着泪，给儿孙们吩咐了他们死后合葬及另外一些身后事以后，大叫一声“老婆子，等等我”，也于当晚11点溘然长逝。两位老人享年94岁。

这两位老人的口碑非常好，他们对邻居很友好，只要邻居有什么需要帮忙的，他们绝对不会坐视不管，而且他们经常把自己家里好吃的东西送给邻居吃。在这对老夫妇一周年祭日，四周的村民及他们的儿孙都自发组织拜谒，并送去了花圈。有人说，这两个老人同年同月同日出生，又同年同月同日去世，应该算是一个奇迹了，也许是上天给他们的缘分吧。毕竟，这样的事在这个世界上是非常少有的。

“十二生肖”一家人

在浙江省东阳市巍山镇有一户普通人家，祖孙三代总共12口人，恰好每人各占一个生肖属相，可以说是属相的集合。

这个奇特家族的男主人叫赵鹤良，出生于1941年8月，属蛇。女主人卢素芳生于1946年，属狗。两人自由恋爱，并于1963年终成眷属，结成良缘。

1967年6月，大女儿赵琳琳来到了人间，这一年是羊年；一年后儿子赵向东出生了，属鸡。1973年7月，赵家又增添了一名属牛的小女儿赵玎玎。

1985年，19岁的大女儿赵琳琳与风趣幽默的阮荣伟（属马）举办了订婚仪式。1988 年 3 月，女儿阮吉呱呱落地，赵鹤良有了一个属龙的外孙女。1995 年 6 月，依据有关规定，赵琳琳又生育了第二胎，给小阮吉带来了一个属猪的弟弟阮锦。

赵家儿子赵向东 1991 年与属鼠的方亚珍结了婚。第二年，生下了一个属猴的儿子赵佳群。

十二生肖最后是由小女儿"小牛"玎玎来完成的。能干的小女儿与属虎的王小红谈上了恋爱，这时候，赵鹤良和老伴无意间发现，当时家中的 11 个人有 11 个属相，唯独缺一只兔。1995 年，小女儿玎玎与王小红也喜结良缘。结婚的时候，赵鹤良对小女婿、小女儿说："我们一家中的 11 个人有 11 个属相，唯独缺一只兔。如果你们给我生出一只'小兔子'，我奖励你们 1 万元！好不好呀？这也是我现在唯一的人生愿望啦。"

孝顺的赵玎玎和王小红为了满足父亲的这一愿望，采取了晚育措施。1999 年 9 月，"小兔子"王超洋来到了世上。赵鹤良手抱"小兔子"，想着十二生肖自己家里全有了，真是乐开了怀。

赵鹤良一家聚齐十二生肖，在当地被传为趣谈。

同一天过生日的四代人

在现代社会中，四代同堂的家庭已属难得，四代同月同日生的情况更是罕见现象，美国威斯康辛州密尔瓦基市居民希德布兰就遇上了这种难得的巧合。

希德布兰的儿子雅各与希德布兰本人、希德布兰的母亲及外婆一样，皆于 8 月 23 日来到人间。

这个家庭已将此事告诉吉尼斯世界纪录的工作人员，他们会把雅各的出生列入四代同月同日生的纪录。根据吉尼斯纪录，另外两个四代同月同日生的家族为1982年7月4日出生的美国人威廉斯及其家人以及1997年3月21日出生的芬兰人特雅迪及其家人。

希德布兰对妻子金姆说："我们儿子的出生日期绝对没有事先计划好，而是巧合中的巧合。我们谁也没有想到真的会有这么巧合的事情，虽然我们非常希望能有这样的巧合。"原来，他们的儿子雅各出生的时间不迟不早，刚好在预产期8月23日。

希德布兰的亲人原本就为家族中有3人同月同日生而高兴，金姆分娩前，他们也盼望新生儿能让同月同日生的亲属增加到4人。不过，他们问了主诊医生，医生告诉他们说，只有5%的新生儿会按照预产期的日子准时出生。

希德布兰与妻子金姆对儿子在这个特别的日子来到人间感到分外欣喜。金姆在分娩后说："真是不可思议，婴儿真的就在这一天出生了。"

"四马"马年产子

古代中国人对马可谓情有独钟，往往将自身境遇与马类比，如："人贫志短，马瘦毛长"、"路遥知马力，日久见人心"、"好马不吃回头草，好汉不走回头路"等等。在十二生肖之中，马是最能使人类产生认同感、最容易引人自比的动物，几乎没有人不喜欢马。

2002年是中国农历的马年，在这个新春里，天津动物园的河马、野马、斑马、果下马四个“家族”中各有一名“孕妇”产仔，这一现象是该动物园历史上极少出现的有趣巧合。

现年24岁的母河马“七儿”是天津动物园园龄最长的“马”，自1980年从日本神户来到天津后，就成为这里首批“居民”。正因为如此，母河马“七儿”受到大家格外的“宠爱”与“优待”。

这只母河马“七儿”在与来自非洲的性情憨厚、体型剽悍的野生公河马的长期相处中，互相产生了“好感”。终于有一天，公河马向“七儿”求爱，它们俩就这样结为了“伉俪”。之后的日子里它们一直比较“恩爱”，并已成功繁殖了数十胎。2002年，“七儿”又一次怀孕并顺利生产，令所有的人们都喜出望外。

一向被人们视为珍宝、誉为活化石的一对已进入性成熟期的野马“夫妇”也是人们关注的对象。这对野马“夫妇”同样不负人们的“厚望”，于当年4月中旬的一个夜晚产下野马宝宝，创下野马在天津繁殖史上首例成功的纪录。

天津动物园的斑马家族共有5名成员，3雄2雌。其中，老雌马早已光荣完成使命，“解甲归田”；小雌马是首次进行交配，虽然初出茅庐，却毫不逊色，于当年为天津动物园成功添加新成员。

果下马因其身材矮小，可从果树下行走而得名。它是一种罕见的马匹，距今已有2000多年的历史。此次同其他“三马”一同繁育出后代，可堪称“园中一大喜事”。

失而复得的胶卷

这是发生在第一次世界大战之后的事，当事人是一名德国妇女，名叫劳丽斯，她是一位贤良的母亲。

1914 年正值第一次世界大战爆发之际，德国治安一片混乱，人们每天都生活在危险之中，因为不知道什么时候就会有流弹光临你家。德国到处充满了火药味，这让当时很多居民都倍感不安。有一天，劳丽斯看外面的街道似乎平静了许多，没有战乱中的那种硝烟了，觉得应该没有什么问题，就想为自己出生这么长时间还没有一张照片的儿子拍一卷胶片。于是她带着年幼的儿子来到了斯特拉斯堡市的一家照相馆，拍完后胶卷留在照相馆冲洗，他们就回来了。可是还没等照片洗出来，震惊世界的第一次世界大战就爆发了。当然，她也就不可能重返斯特拉斯堡市取回照片了，为此她感到有些遗憾，但是除此之外又有什么其他的办法呢？当时人们都自顾保命去了，即使去了照相馆也不见得就一定能拿到照片，当时社会动荡，也许那家照相馆早已经不在了。后来他们搬到一个乡下亲戚家居住，没有了城里的那种硝烟，相对平静了许多，她的儿子也在这里健康地成长。

然而令人感到惊讶的事情在两年后发生了。这位德国女士在这年生了一个可爱的女儿，女儿的出世为整个家庭增添了更多的温馨。为了纪念女儿的出生，也为了弥补当年儿子照片缺失留下的遗憾，夫妇俩决定到法兰克福买一卷胶卷给她新出世的女儿拍照片。当照片冲洗出来后，他们两人都争先恐后看，而劳丽斯惊奇地发现，女儿的影象重竟叠在儿子的影象之上。她做梦都想不到，自己竟然买回了当年给儿子拍照的胶卷。这种奇特的巧合之事在当时还是第一次发生，无形中也弥补了当时夫妇俩的遗憾。

第十三章
奇闻怪谈

茫茫世界，芸芸众生，充满了传奇和精彩。某些人的生命里就像住着一个魔术师，把生活变得神秘莫测、不同凡响，而他们的经历也成为人们街头巷尾的谈天话题，流传和演绎成一个个玄妙的故事。这些难以说明的巧合现象就像是一个个神奇的导演，导演着一部部另类的人生传奇。

古董手镯识主人

英国的芭芭拉·赫顿是一个富家的千金小姐，因为衣食无忧，再加上女孩子爱美的天性，她经常光顾一些珠宝商店，商家们几乎都认识她。这一天，她又来到了纽约最豪华的一家珠宝店，在这里她已经消费了相当于一个普通上班族三年薪水的金额，这次她又相中并买下了一副古董手镯。她非常喜欢这副手镯，几乎每天都会戴着。有一天，她在洗手间洗漱的时候，不小心将古董手镯冲下了卫生间的下水道。

芭芭拉·赫顿为此失落了好一阵子，因为她太喜欢这副手镯了，于是她又来到那家珠宝店想重新购买一副。然而，老板说那副手镯是世界上唯一的一对，是从南非进口的，已经没有第二对了，这让芭芭拉更加失望。就在这时，一名男子带着一对手镯进入珠宝店，要求店老板估一下价，而他手中拿着的手镯恰恰就是芭芭拉·赫顿不小心掉到卫生间下水道的那副。

原来，这名男子是一个水道清理工，他是在清理下水道时发现这副手镯的。芭芭拉马上以高价买回了这对手镯，心爱之物失而复得让她更加珍惜它了。

英国小男孩的前世今生

英国格拉斯哥市有一个 6 岁的小男孩名叫卡梅伦·兰姆，他经常谈论自己的母亲和家庭，并在纸上画他的家—— 一栋海滨白房子。但是令卡梅伦 42 岁的母亲诺玛感到害怕的是，卡梅伦谈的母亲不是她，而是 40 年前一位姓罗伯逊的“妈妈”；卡梅伦画的房子也不是他们现在的家，而是“前世”的他位于英国巴拉岛的住宅。

据英国《太阳报》报道，自卡梅伦会讲话时起，他就经常向母亲和家人谈论自己以前在巴拉岛的生活，让家人困惑万分。42 岁的母亲诺玛回忆说：“当他还是个婴儿时，就会喊爸爸妈妈，可他嘴中冒出的第三个词却是‘巴拉岛’。当他长大一点后，他经常会说：‘我原来叫谢恩·罗伯逊，我曾是一个巴拉岛男孩。’”

然而，巴拉岛却是一个距离格拉斯哥市足有 354 千米的偏远小岛，岛上只有 1000 多个居民。诺玛称，她不知道儿子是如何知道巴拉岛的，因为他们一家从未去过那里。卡梅伦还经常谈论他在巴拉岛的“家”，他总抱怨格拉斯哥的家只有一个卫生间，而巴拉岛的家却有三个。

母亲诺玛对 6 岁儿子心中还有“另一个母亲”感到非常震撼，她无法接受这个荒唐的事实。诺玛承认说：“我十月怀胎生下了他，可他却感到自己属于另一个女人。”由于卡梅伦坚持要回“巴拉岛的家”，因此诺玛只好带着卡梅伦一起飞往了这座从未去过的小岛。

当卡梅伦看到那座白房子时，他兴奋极了，说："我没骗你们吧，快进去和我一起玩玩具!"然而当他们靠近那座房子的前门时，兴奋的神采从卡梅伦的脸上褪了下去，原来那只是一座空房子。卡梅伦眼含泪水和母亲一起参观了这座空房子，而令诺玛震惊的是，房子里果然有三个卫生间。

一些研究者后来在英国斯特林市追寻到了曾在20世纪60年代到巴拉岛度假的罗伯逊家庭的一个成员——吉莉安·罗伯逊，但吉莉安无法回答他们提出的任何问题，也记不得家庭中有个叫谢恩·罗伯逊的人。

卡梅伦的离奇经历已经被英国电视五台拍成了纪录片《这个男孩以前活过》，对于他身上发生的这一切，科学家目前还无法作出解释。卡梅伦的"巴拉岛记忆"真的是从"一个人"身上传到了"另一个人"的身上吗？还是这些"记忆"都是他幻想出来的？而"记忆"和现实如此一致又如何解释呢？关于这些疑问的答案，我们只能等待科学家慢慢地解开。

夫妻雇主爱上杀手

在巴西圣保罗市有这么一对年轻夫妇，男的是一名地产商，叫作汤玛士，拥有500万美元的资产，可以说是富甲一方，他的妻子名叫莎拉芬娜。他们曾经是一对令人羡慕的恩爱夫妻，后来不知道是什么原因使他们感情破裂，往日的恩情荡然无存，剩下的只有对对方的仇恨。在他们眼里这一切都是对方的错，没有人能够冷静地面对离婚的现实，这种积怨导致了一种可怕的想法：他们各自暗中雇请刺客暗杀对方。

异性之间的防备心较低，出于这样的想法，妻子莎拉芬娜雇请了当地一名非常有名气的美女杀手，而丈夫雇请的则是一名英俊的男杀手。当他们为自己精心策划的事情而暗自得意时，孰料这对夫妇竟分别爱上了对方雇佣的刺客，一场悲剧瞬间化作喜剧收场。

飞弹牵姻缘

这是发生在美国南北战争期间的事。

1863 年 5 月 12 日，一位名叫亨利·劳伦斯的年轻士兵在战斗中被引爆的地雷碎片击中阴囊，左侧睾丸不翼而飞。与此同时，邻近一间房屋内的 17 岁少女诺尔·塔尼莉也被飞来的弹片击中左腹。经过救治，两人都痊愈了。但奇怪的是，之后不久，塔尼莉竟发现自己怀孕了！278 天后，她产下了一名男婴。对此，人们议论纷纷，有人指责塔尼莉偷尝禁果，甚至还有人认为这是天神播的种子。自己也感到诧异的塔尼莉有口难辩，只好含泪吞声。

婴儿出生后总是号哭不止，一时又找不出原因，后经医生再三检查，才发现婴儿体内竟藏着一枚小小的弹片。通过分析鉴定，医生确定当年击中劳伦斯和塔尼莉的同是这一块弹片。它先击中劳伦斯，然后又带着他的精子飞入塔尼莉的腹腔，从而使少女的卵子受精成胎。事实上，婴儿的长相与劳伦斯极为相像。

后来在医生的撮合下，劳伦斯与塔尼莉缔结百年之好。有趣的是，尽管他们婚后又生了三个儿女，但都不如“弹片之子”那样酷似父亲，一时传为佳话。

失散60年的儿子一直在身边

家住英国伦敦的安·巴克菲尔德夫人60年前深爱上了一名男子，并且怀孕生下了他们的孩子。但该男子随后却抛弃了她，没有办法的她只好将自己的孩子送给他人抚养。

一晃60年过去了，其间安·巴克菲尔德夫人常常回想起当年的那个孩子，而天下之大谁又能知道这个孩子现在在什么地方呢？她做梦也想不到，其实那个孩子就在她的身边，他们几乎每天都见面，只不过并不知道对方的存在而已。一天，安·巴克菲尔德夫人为了给12岁的孙子买一辆合意的自行车，便去翻查电话簿，结果找到了一家叫作伍尔西的自行车店。她在与店主唐纳德先生谈论价格时，发现店主就是她在60年前未婚生下而送给他人抚养的亲生儿子。

不可思议的是唐纳德和他的妻子每天开车去上班时，都把汽车停在巴克菲尔德夫人的家门外，然后转乘火车到店里，他根本不知道那竟是他母亲的住所。唐纳德一直在想念不知下落的母亲，但他担心母亲婚后不愿丈夫知道她曾未婚生子，因此拿不定主意是否去寻找母亲，这次买自行车的偶然事件竟使一别六十载的母子相会。

孪生兄弟竟成夫妻

一双孪生兄弟竟然结为夫妻，你相信世上会有这么离奇的事吗？不过不用怀疑，这样的事情的确真实发生过。

32岁的澳洲青年达德·廷士戴尔与同龄女友玛丽缔结鸳盟。婚后他逐渐发觉妻子的相貌酷似自己，后来无意中看到一些旧照片，又经过仔细查问，终于揭开了妻子的身世之秘。“她”竟是自己的孪生兄弟！

这对在墨尔本出生的孪生子，幼时父母因飞机失事双双身亡，他们分别被人领养，长大后仍不知自己的身世。几年前，达德的养父母告诉他，他还有一个孪生兄弟。岂知他的孪生兄弟接受了变性手术而成为一个“她”——即为玛丽。阴差阳错，“她”又选中了同胎孪生的达德作为自己的丈夫。

获知真相的达德震惊得几乎晕厥过去，他欲哭无泪，冲动之下割脉自杀，幸好被及时发现。达德难堪地说：“有什么事情比娶自己兄弟为妻更恶心可怕的呢？”他的“妻子”玛丽则说，“她”永远记得丈夫知道真相后那震惊的表情，“当我注视达德的眼神时，我却不知道自己是谁”。

在瑞士也有这么一对夫妇，他们在蜜月期间拜访亲戚时，惊愕地发现两人竟是一对孪生兄妹。

汉士与玛嘉烈于1985年7月相识并一见钟情。双方志趣极为相投，当年11月即注册结了婚。1986年1月，汉士带玛嘉烈探访抚养他长大的姨妈，在姨妈家中，汉士发现自己娶的竟是孪生妹妹，真是晴天霹雳。

原来他俩出生后两个星期妈妈就去世了，姨妈无力同时抚养两个婴儿，遂决定抚养汉士，而将玛嘉烈交给他人领养。怎料20多年后，两兄妹长相竟没有一点相像，他们邂逅相识，坠入爱河，最终结为夫妻。真相大白后，他俩不得不分手，汉士还算能承受住这一打击，而可怜的玛嘉烈则陷入了情绪低谷，终日郁郁寡欢，无法接受无情的命运如此残酷的安排。

在坟墓中生活两年的人

在秘鲁有一个落后的小村庄——马度兰度，那里住着一个又聋又哑的年轻人尼维杜·柏斯伽。残疾的他本应该在这个宁静的小乡村过着平静的生活，可是上苍却好像有意在捉弄他，在1981年11月，也就是他27岁那年，不幸毫无征兆地降临到了他的身上，从此柏斯伽过上了长达两年的人不是人鬼不是鬼的地狱般的生活。

事情是这样的，有一天，柏斯伽因发热而服用了退热药，结果药物不服发生了不良反应，他当场昏迷不醒，进入休克状态，意识完全丧失。他的家人误以为他已经死了，便将他埋葬了。就这样，可怜的柏斯伽开始了墓地生活，他仅靠吃身旁的蚂蚁、蚯蚓、苔藓和草根来维持生命。

由于当地地势低洼，河流经常泛滥，人们都认为把棺木放入地下是不吉利的，因此那里的坟墓是在地面上建成的，柏斯伽就葬在这样的墓中。虽然每个星期日都有很多人来扫墓，可是坟墓里的柏斯伽又聋又哑，没有办法向外呼救，厚厚的砂石砌成的墓壁又掩盖了坟墓内的一切声响，所以一直无人发觉柏斯伽依然活着。

两年过去了，当地发生了洪涝，这片墓地被冲毁了。之后工人们对墓地进行维修，当他们把柏斯伽的墓门打开时，几乎都吓得瘫痪在地。他们看见柏斯伽呆坐在自己的棺木上，脸上布满秽物，还长有青苔，胡子、头发和脓疮粘作一团，简直就像小说里的魔鬼。

一位天主教神父知道了这件离奇可怕的怪事后，赶忙钻入墓中把柏斯伽背了出来。从此，柏斯伽结束了他可怕的地狱般的生活，重见天日，他的家人马上将他送往最近的一家医院进行治疗。柏斯伽虽然脱离了生命危险，但由于长期不见阳光，再加上营养不良，他一直没有痊愈，在医院接受监测治疗。

但令人费解的是，柏斯伽是依靠什么力量在暗无天日的坟墓中生存下来的呢？科学家们至今还没有找到答案。

奇迹般活下来的萨尔姆斯

一名盗窃犯在被判处死刑后，屡次执行中都出现意外，这让他死里逃生。这是1830年发生在澳大利亚悉尼市的事情，而这位幸运儿名叫萨尔姆斯。

事情是这样的，一帮小偷在盗窃一张藏有金币和银币的小桌子时，当场被一名警察发现，罪犯对警察进行攻击，造成那名警察因伤势过重而死亡。这起盗窃案发生不久后，萨尔姆斯就被捕了。警察在他的口袋里找到了被盗窃的金、银硬币，立即控告萨尔姆斯犯有盗窃罪和谋杀罪。萨尔姆斯矢口否认此事与他有关，并不停地说口袋里的金、银硬币是从赌桌上赢回来的，同时还提到了几名证人，以此证明案发时他根本不在现场，而是在另外一个地方正喝得酩酊大醉。不过警察并没有被他的花言巧语迷惑，他们使用各种方法向他施加压力，最后在警方的高压逼供下，萨尔姆斯不得不承认了盗窃罪，但坚决不承认谋杀。尽管如此，他还是被判定谋杀罪名成立，判处死刑。

这时，与萨尔姆斯合伙作案的另一个罪犯西蒙兹也被警方抓捕拘留，但是他施出百般花招，坚决不认罪。为了恐吓他，逼使他招供，警察局宪兵司令下令："把西蒙兹带到刑场，让他亲眼看着萨尔姆斯被当众绞死，看他还认不认罪!"

执行绞刑那天，一辆马车把绝望的萨尔姆斯拉到刑场，警察把绞索套在他的脖子上。只要一声令下，马就会被赶得往前跑，让犯人吊在那里，直到断气。

刑场上早就密密麻麻地聚集了好多人，萨尔姆斯获准在执行前向人们说几句话。他连喊："我是冤枉的，我承认我参与了盗窃，但确实没有杀人，请相信我，我可以发誓。"他还说："真正的凶手就是站在我面前的被警察看押着的西蒙兹。就是西蒙兹把那个警察给杀死的，西蒙兹才是真正的凶手，我是冤枉的。"西蒙兹听到这句话后立刻大声呼叫，企图把萨尔姆斯指证的声音掩盖过去。但是人们已经很清楚地听到了他的声音，这时人群大乱，他们不断地往前拥挤，高喊着要求释放萨尔姆斯，审判西蒙兹。一名正在维持秩序的警察慌乱中一不小心戳了一下马屁股，马群受惊逃窜，萨尔姆斯一下被吊在半空。但就在这一瞬间，奇迹发生了，套在萨尔姆斯脖子上的绳子断了，人们被眼前的情景惊呆了。

警察立刻把犯人重新围住，又赶快去准备第二条绳子。这时群情汹涌，宪兵司令命令赶快把萨尔姆斯再套上绞索，然后一声吼叫，马车被赶得向前走，萨尔姆斯又被吊在了半空中。令人吃惊的是，绳子又慢慢开始松开，恰恰把萨尔姆斯安全放在地上站着，连惊魂未定的萨尔姆斯都觉得如坠云雾。

这时人们的情绪再也无法控制了，他们确信自己看到了奇迹的发生，同声高呼“放了他、放了他”，但是第三条绳索还是被套在了萨尔姆斯的脖子上。而这次，绳子又在他头顶上方的地方断了。宪兵司令这一次真是觉得不知所措，他翻身上马直奔总督府，向总督报告这件怪事，总督立即下令暂缓执行死刑。

事情过后，宪兵司令仍然对此事有所怀疑，他一遍又一遍仔细地检查曾经套在萨尔姆斯头上的三根绳子，但是没有发现任何破绽。尤其是第三根绳子，完全是崭新的，他用180千克的重量测试了几次都没有任何松动，即使三股中的两股被割断，绳子也依然可以承受这180千克的重量。为什么体重轻得多的萨尔姆斯一被吊上绳子就断了呢？

最终西蒙兹受到了审判，他因谋杀罪被判绞刑。而萨尔姆斯则离奇地死里逃生，连他自己也无法解释当时为什么会发生那样的情况。难道仅仅是巧合吗？还是上帝知道他是冤枉的，伸出了无形的援助之手？这就不得而知了。

步枪也中弹

故事的主人公在被敌人发现并遭到来自敌人的射击后居然没有受伤，而且这并不是因为敌人打偏了，恰恰是打得太准，子弹竟然射进了他的枪膛。这是发生在第一次世界大战时的一件奇事，而这位幸运者就是英军二等兵史密斯。

有一次史密斯出去巡逻，不小心与战友们走散了。这时候天渐渐黑了，史密斯对这一带又不熟悉。他东转西转，却怎么也找不到回去的方向。迷路了的史密斯走到了一个从来没有来过的村庄，这里非常偏僻，他看到前面大约50米外的地方有一个德国兵，机灵的他立刻想把自己隐藏好。可是这个偏僻的地方除了野草外，根本没有可以隐藏的地方，于是史密斯决定把这个德国兵干掉。他迅速把枪上好子弹，瞄准，准备消灭他。

可是让史密斯想不到的是，那个德国兵其实已经发现他了。德国兵抢先一步，首先向史密斯开了枪。德国兵的枪法非常准，他认为这下史密斯必死无疑。然而令德国兵没有想到的是，子弹打出去了，可史密斯却并没有被打死。

原来，德国士兵的子弹正好射进了史密斯的步枪枪膛，这个意外的巧合就这样救了史密斯的命，现在这支步枪还保存在英国美斯顿博物馆内。

鱼肚里的结婚戒指

有一对新婚夫妇在罗兹岛上度蜜月。因为两人是克服了重重困难才结合在一起的，所以他们格外珍惜这份感情，并想乘这次蜜月假期好好地享受一下二人世界。两人似乎都抛开了一切，回到了相识时的那种感觉。夫妻俩在海边的沙滩上相互追逐、嬉戏玩耍，并一起许下誓言：永远不会背叛对方。

突然，丈夫想跟妻子开个玩笑，便抱起妻子往海水里跑。妻子大叫着要丈夫放她下来，两人在嬉闹中不觉已经来到了海里。就在这时，垂着手的妻子不幸将结婚戒指掉入了大海。妻子马上告诉了丈夫，两人找了一会儿，但是大海捞针是不可能的，他们没有找到结婚戒指。

妻子非常伤心，因为结婚戒指上有两人的名字，而且把结婚戒指弄丢也不是一件好事。丈夫安慰妻子说：“亲爱的，别伤心了，我们再去重新订一个一模一样的。”妻子勉强地擦掉了眼泪。

25 年以后，这对夫妇故地重游。此时，他们已经有两个孩子，而且孩子都已经长大了，正因为如此，他们才有时间来旅游。这对夫妇回忆起 25 年前的点点滴滴，感觉非常的甜蜜。不过，他们在说起曾经遗失的戒指时，还是感觉有些可惜。

他们快快乐乐地玩了一会儿后感觉有些饿了，于是便找了一家看起来非常干净的饭店吃饭。透过饭店的窗口，可以把外面的美景一览无余，这让他们觉得心旷神怡。

而令他们感到非常意外的是，他们在吃鱼时，竟在鱼腹中发现一枚戒指，并且正是他俩的结婚戒指，连两人的名字都清晰可见。夫妻俩欣喜若狂，都觉得这简直是前所未有的奇迹。饭店里吃饭的客人知道这件事情后，也都为他们感到高兴。

这样神奇的巧合，又有谁能够解释其中的奥秘呢？

互打热线电话的夫妻

在意大利曾发生过这样一件荒唐的闹剧。一位快 50 岁的男子因为感到生活极其空虚，为了摆脱当时的这种空虚状态，他每天都在想如何能够让自己快乐起来，让自己的生活充满新鲜和刺激感。为了达到这一荒唐的目标，他每天都在琢磨。终于有一天，报纸上的一条热线电话引起了他的注意，这不是普通的热线，而是那种高额消费的语音聊天热线。当时他也管不了那么多了，这不正是自己一直在苦苦寻找的刺激与精神上的安慰吗？于是，男子在一次闷得发慌的时候，便拨打了其中一条热线。

电话接通了，一个女子轻柔的声音让他忘乎所以，但是当他和对方聊了一段时间之后，却感觉有些莫名的恐慌，好像有什么事要发生一样。聊着聊着，男子觉得对方的声音听起来非常熟悉，好像在哪里听过，难道是身边的什么人不成？这位男子感到十分好奇，便不免追问起来。不过他可能做梦都没有想到，刚才跟他聊天的女子竟然是他的妻子。顿时，这名男子像是霜打的茄子一样——蔫了。他怎么也没有想到，除了自己因为无聊才做这么荒唐的事外，妻子居然也这样。妻子赶忙向丈夫解释道，她是在热线中做兼职，因为只是说话也不见真人，所以认为没有什么可以遭到谴责的，与其他男子聊天也是因为生活太沉闷所致。听了妻子的解释，男子深深地自责了起来，因为发生今天这样的事情，自己有不可推卸的责任，都怪自己平时只注意工作没有照顾好家庭，没有能及时地和妻子沟通，才导致了今天的结果。妻子对丈夫的宽容感到汗颜，从此夫妻两人再也没有提起这件事，一直默默地关爱着对方。

多年好友竟是亲兄弟

20 多年前相遇并成为密友的两人竟然是亲兄弟，这种事情不要说我们难以置信，恐怕连当事人在短时间内也难以反应过来。

这两个人分别是巴尔班和克拉尔，克拉尔是巴尔班婚礼的男傧相，他曾在一张照片上写下这样一句话：“你是我真正的兄弟。”有关人员在查询收养记录时发现，49 岁的巴尔班和 52 岁的克拉尔真的是亲兄弟，这太巧合了。

在船运业工作的巴尔班说："克拉尔和我一直都感觉到相互之间有一种特殊的关系，可是又一直不知道是什么样的一种关系，我们根本没有想到我们竟然会是亲兄弟。"他们是在一间酒吧相遇的，而且立刻就成了好朋友。

据某媒体报道，之前有一名男子因健康原因与州政府官员联络，要求查询他的收养记录。这名男子还发现，他是被父母抛弃的9个孩子之一。儿童与家庭部的社会工作者西特利找到了有关的档案记录，决定与其他8个孩子联络。她首先联络的是克拉尔。克拉尔在得知自己是被领养的消息后非常吃惊，因为收养他的父母一直没有告诉他真相。于是克拉尔对西特利说："我最好的朋友也是被人领养的，我想请你帮忙查询一下他的情况。"

西特利便问："你的朋友叫什么?"当克拉尔告诉她"巴尔班"这个名字后，她沉默了片刻，然后告诉克拉尔他25年的好朋友是他的亲兄弟。这个消息让克拉尔非常意外。

更让克拉尔吃惊的是，他还发现他的一个工作伙伴是自己的另一个兄弟，而他曾约会过的一个女孩子竟是自己的妹妹。而且，他们之间的感情还一度很深。

美国全国广播公司也播出了这个巧合的家庭故事。

结婚狂人最终娶回第一任

马来西亚有一位老人一生共结婚53次，然而历经数十年情感风波，他的第53任妻子竟然是当年的发妻。这位老人名叫卡马鲁汀·穆罕默德，回顾自己一辈子的沧桑婚姻历程，他说："我并不是一位寻欢作乐的花花公子，只是喜欢美丽的女子。我一生结这么多次婚，并不是说我在玩弄感情。感情这东西是靠缘分的。”

据了解，自从穆罕默德几十年前第一次离婚后，他的优越条件和英俊相貌便屡屡博得女子的欢心。在他的历任妻子中还包括一位英国女子和一位泰国女子。他与那位泰国妻子生活的时间最长，持续了20年，而他最短的一段婚姻只持续了2天。

穆罕默德至今仍念念不忘那位泰国妻子。他说，所有的妻子都是因离婚才分开的，只有这位泰国妻子与自己生活融洽，只可惜她患有癌症很早就去逝了。1992年退休之前，穆罕默德一直经营着多家跨国公司，他的家产和经常出国的机会提高了寻找漂亮未婚妻的概率。尽管经历了50多次婚姻，穆罕默德始终坚持一夫一妻制，他说这是自己的原则。

穆罕默德说：“我不喜欢别人讥笑我一生结婚50多次，同时也不相信人的一生之中只有一个女子做伴。感情有就有，没有就没有，何必强求呢？如果两个人没有感情了还硬要在一起，对两个人来说都是一种痛苦。目前，与第一任妻子可罕迪贾再次结合是我最大的幸福。当时，我与她的婚姻只维持了一年的时间，现在回想起来真有点儿后悔。”

可罕迪贾说她再次接受穆罕默德的求婚时，她的第三任丈夫已经去逝了，她当时也是独居。并且，穆罕默德承诺会给予她最大的幸福，并表示不会再离婚。

书中自有“黄金屋”

这是一件发生于20世纪的事情。

一天，大学生约翰·勃罗·拉科斯特迈着沉重的步伐走进了市立图书馆。约翰自小就失去了父亲，母亲一手把他养大。母子俩相依为命，生活十分困苦。但约翰从小就显示出读书才华，他能过目不忘，而后又考进了大学，只可惜由于经济条件差，他不得不退学。这天，约翰到市立图书馆找约班尼·美尔卡神父，求他在图书馆替他安排一份工作，以维持母子的生活。

“对不起，神父刚出去，我想他大概很快就会回来，请你坐下等一会吧！”图书馆的职员很客气地对约翰说。

约翰走进了接待室，在椅子上坐了下来。接待室的四周都是书架，上面摆满了各种各样的书籍。约翰等了一会儿觉得很无聊，为了消磨时间，便随意浏览起书架上的图书。这时候，一本包着书皮、装帧别致的书引起了他的注意。

书的上面落满了灰尘，看样子是很久没人读过了。书脊上写着《动物学》，作者是叶密鲁·德非布里。约翰从中学时代起就非常喜欢研究动物学，他立刻将此书从架子上抽出来，从第一页读起……他越读越起劲，以至于差点把找神父的事都忘了。

不知过了多长时间，他终于读完了。他发现最后一页的空白处有红墨水写的几行字，不过从墨水的颜色看，写的时间已经很久了。书页上这样写着：“有一件意想不到的幸福在等待着这本书的读者。如果你对我这本书感兴趣，请立刻到罗马市帕拉兹·秋斯特街去，在公证处领取 E·F·十四第七十五号的密封文书。”

充满好奇的约翰等不及神父归来便跑去公证处，办理了阅读密封文书的手续。

不一会儿，公证处的职员拿来了一个信封交给他，他迫不及待地打开一看，里面只有一张纸条，上面写着：

你是第一个把我的书从头读到尾的人，所以我决定把自己的全部财产赠予你，这封信就是我的遗嘱。我虽然写了这本《动物学》，可是世界上没有谁肯读它。我的亲属也好，我的朋友也好，他们只是在表面上颂扬我的研究和著作，实际上谁也不肯认真地读我著的这本书。我心中既懊悔又烦恼，于是我只留下这一册，其余的全部烧毁了。剩下的这一册，我也送给了市立图书馆。世界上只有你一个人把我的书读完，我非常感谢你，祝你幸福！

叶密鲁·德非布里

约翰在看完这份遗嘱之后喜出望外，高兴得像风一般跑到法国驻意大利领事馆，把事情向领事馆人员详细地说了一遍，又把《遗嘱》交给领事馆人员。

可是，领事馆的工作人员怎么也不相信约翰说的话，特意打电话到公证处询问，直到公证处的答复与约翰所说的一样后，他们才大吃一惊地对约翰说：

“啊！真出乎我们意料之外，事情真如你所说的那样。德非布里的遗产一共是400万里拉（意大利币），但只凭这份遗嘱还不能把这份财产交给你。如果留下遗嘱者的父母、子女或兄弟姐妹不来办理移交手续，这笔财产是谁也不能给的。不过，法律仍然是尊重遗嘱的，你得到款项的机会仍然很大。”

这时，约翰像是突然被唤醒了记忆，他喃喃说道：“德非布里……德非布里……

对！这是我母亲家的姓啊！我怎么忘记了呢？我一定是高兴得昏了头了，叶密鲁不就是我外祖父的名字吗！”

法院在领事馆的协助下做了详细的调查，结果证实了约翰所说的完全是事实，著《动物学》一书的作者叶密鲁·德非布里的女儿就是约翰的母亲。于是，约翰和母亲终于在1926年继承了400万里拉的巨额遗产。

这一意外的收获是多么离奇幸运啊！从此，约翰再也不必担心贫困，他可以无忧无虑地继续他的学业了。

约翰的奇遇传开后，众人对此莫不羡慕之极，更有傻瓜到图书馆去乱翻积满厚尘的图书。

耳鸣奇人“预测”地震

2004年11月8日深夜，台湾再度发生里氏6级地震。据媒体报道，岛内号称有“预知能力”的李振吉出面表示，此前他的“耳鸣”早已发出地震“预告”，为证实自己绝非“马后炮”，他还拿出了8日早晨8点多自己贴在网络上警告网友与台湾气象部门的讯息作证据，并告诉媒体这项重要讯息并未被气象部门理睬。

消息传出后，岛内舆论再次哗然。事实上，自从台湾上月接连发生两次强烈有感地震后，有关地震的“预言”在岛内就一直没停过。家住台中的保险经理李振吉表示自己“能通过耳鸣预测地震”。据他自己说，每次地震前他都会有强烈的耳鸣，并且凭借此已经准确预言了台湾发生过的大大小小的地震，包括1999年的“9·21”大地震和上个月发生的两次地震。

他向媒体表示，11 月 8 日凌晨 4 点钟左右，他的耳鸣又发作了，声音与上次发生里氏 6.2 级地震前的耳鸣声音差不多，于是他再也睡不着，当日上午便通过网站将“预测”发给网友和气象部门，认为 3 日内必有地震，结果 8 日晚真的又发生了地震。

李振吉因其“独特本事”不久前被媒体报道后成了名人，随之而来的“预测”请求几乎将他的电话打爆。还有一些“预测”专家也搭上了媒体的“顺风车”，一时间“预言”满天飞，搞得人心惶惶。台气象部门则不以为然，他们发文提醒，随便预测地震，除了可能依据气象法处罚之外，还有可能会按照社会秩序维护法处罚，希望媒体不要推波助澜，为这些不负责任的“预测”提供阵地。但具有讽刺意味的是，耳鸣奇人此次“预测”到了 8 日的地震，而台气象局自己却出现了大的失误。地震中心原先公布的地震时间是深夜 11 点 55 分，规模里氏 5.7 级，震中在宜兰南澳地震站西北方 1 千米，深度约 19 千米。但重新更正后的地震时间提早到深夜 11 点 54 分，规模达里氏 6.7 级，震中在花莲市地震站往东 96.6 千米，深度达 10 千米。据介绍，规模 5.7 级的地震与规模 6.7 级的地震释放出的能量相差很多，因此岛内民众很是诧异。对此，台气象部门解释说，地震侦测失误主要是因为一分钟内发生两个地震，原先有一个小地震使得后来较大地震的定位受到了影响，所以才会有规模与震中的差异。

也有研究专家认为，这些能作出地震预测的人并不见得有什么特异功能，可能只是具有“灾难症候群”的人格特质，一看到大地震的画面就会紧张，进而引起耳鸣或其他生理反应，然后再将这种生理反应与地震联系起来。也就是说，这些预测只能算是巧合而已。

敌友不分的糊涂战役

兵不厌诈，在任何一场战争中所比拼的都不仅仅是武器与装备，在很多时候还有智慧与谋略。然而，在第一次世界大战中，却发生了一件双方都因使用诡计而弄巧成拙打了一场糊涂仗的奇事。

它们是属于不同阵营的英国与德国，为了取胜，双方都竭尽了本国的人力与财力。随着战争的发展，两国海军力量都受到了很大损失。为此，两国政府均下令将部分运输船改为军舰，以参加鏖战正酣的海战。英国将一艘两万吨级豪华客轮“卡门尼亚”号进行了改装，配备了各种火炮，不久便俨然以重巡洋舰的雄姿出现在了大西洋上。与此同时，德国也把一艘吨位相当的巨型客轮“特拉法加”号改装成巡洋舰。

为了蒙骗对方，德国船长巧生一计，决定把已改装好的战舰伪装成一艘英国客轮，而他恰恰选中的是英国的“卡门尼亚”号，并且按照该船的照片进行了改装。于是德国的“特拉法加”号便摇身一变，成了英国的“卡门尼亚”号。然而无巧不成，英国船长为了迷惑敌人，也决定把自己的船伪装成德国客轮，而且刚好选中了德国的“特拉法加”号。这两艘改装好的船又被本国海军部一同派往南大西洋，去执行海上巡逻任务。

1914 年 9 月 14 日上午，海天如洗，万里无云。突然，德国船长发现远处有一艘客轮正迎面驶来，令其大惑不解的是，这艘船竟酷似自己客船原来的模样。他想，这艘船也许是自己的船出自同一个轮船公司的姐妹轮吧，于是他命令信号兵要求对方表明身份。此时，英国船长也因同样的原因被弄糊涂了。他也认为对方可能是自己的兄弟船，为了避免误会，立即悬起旗帜表明自己是英国轮船。“特拉法加”号知道其中有诈，遂全速向敌舰冲去。“卡门尼亚”号见状，先发制人，向对方开炮。经过一番恶战，结果是两败俱伤。德舰被击坏，15 名官兵葬身海底；英舰被重创，9 人阵亡。最富戏剧性的是，直到海战结束，双方生还的人仍然不识对方的真面目，真可谓是一场糊涂仗。

复活妇女获特异功能

这件怪事发生在苏联。顿涅茨克医学院的解剖室像往常一样肃静，虽然这里明亮宽敞，但室内到处陈列着尸体，还有瞪着眼珠的死人头颅、死人的腿臂内脏和各种人体器官，给人一种阴森恐怖的感觉。如果你不是学医的，来到这里后肯定会觉得窒息难受，甚至有可能会吓昏过去。

此刻，室中央的陈尸桌上躺着一具女尸。满头银发、手握解剖刀的老教授站在一边，正要开始给身边的几位实习生讲授解剖学。女尸仰躺着，浑身的皮肤呈灰白色，年纪大约在 30 岁，从她还未完全硬化的肌肤看，生前大概是个身强力壮的女人。

老教授镇定自若，不难想见，对眼前这类尸体他早已司空见惯。而站在陈尸桌两边的那几位年轻的医学院实习生，眼睛里却露出恐惧的神色，有一个女生显然已经吓得有些哆嗦了。

老教授用非常平静的语气向学生们讲述了解剖要领后，缓缓地举起了手术刀。然而当刀尖接触到女尸的皮肤时，怪事发生了——女尸突然动了一下！

实习生们吓得顿时惊呼起来，那个胆小的女生尖叫着逃到门外去了。老教授也感到意外，他在几十年的医学生涯中曾亲手解剖过无数具尸体，但从未遇到过在陈尸桌上活动的尸体。他很快作出了判断：她没有死！至少心脏还未完全停止跳动。

“别害怕，可能她还没有死。”老教授一边稳定学生们的情绪，一边继续观察女尸。这时女尸又动了一下，教授的判断果然是正确的。救死扶伤是医生的天职，于是老教授扔下解剖刀，在学生的协助下将女尸从解剖室火速转移到急救病房。

原来3天前，在顿涅茨克市近郊彼得罗夫斯卡娅煤矿的贮木场里，一些人在挖掘地下管道时不慎将一条380伏的电缆挖断了。此时37岁的女吊车工尤利娅·费奥多罗夫娜正巧路过这里，不小心踩到了断裂的电缆上，当即被电流击倒，不省人事。当工人们把尤利娅送到顿涅茨克医学院附属医院抢救时，她早已停止了呼吸。值班医生确定尤利娅已经死亡，于是停尸3天后便将其送到了医学院的解剖室。

事情果然不出老教授所料，尤利娅没有死，当时她只是被电流击昏，处于半死状态，虽然呼吸已经停止，但心脏仍在跳动，只是跳得极其微弱，而马虎的值班医生却认为她已经死亡。事实上，因为尤利娅平时体格健壮，直到她进入解剖室后心脏仍在微微跳动，在解剖室的适当温度及其他条件的作用下，“女尸”加快了心跳的速度和力度，于是就有了解剖室里心惊胆战的一幕。

经过全力抢救和两个星期的精心护理，尤利娅终于逃脱了死神的魔爪，从地狱归来——她苏醒过来了。

然而，由于电流对脑神经产生了刺激，她无法像正常人一样睡眠。尤利娅经受了长达半年之久的磨难——失眠180多个日日夜夜，脑袋里好像终日都有东西在震动。

接着，尤利娅突然又能睡着了，而且一睡就是一个星期，似乎完全失去了知觉。等她再醒来后，这才觉得身体有了明显的好转。

可是就在这时，新的奇迹出现了：夏天的一个早晨，值班医生推开病房门去巡诊每一位病人。病房里除了尤利娅外的病人都醒来了，医生查完病人的病情后，最后来到了尤利娅的床边。

自从尤利娅在陈尸桌上复活后，她的名字和故事就已通过报纸传遍了顿涅茨克市，她也成了医院里关注的焦点。

此刻，她正静静地躺在病床上，早晨的阳光照在她红润的脸上，忽然，她闭着的眼睑跳动了一下，显然已是醒了。值班医生俯下身去，想问问她今天感觉怎样。

尤利娅的眼睛慢慢地睁开了，她环视了一下四周，又把目光放到了医生的身上。突然她尖声叫起来，说自己的眼睛能透过衣服和皮肤将医生的五脏六腑看得清清楚楚。

在场的人都不信，说她会不会看花了眼。尤利娅看了看每个人，一一说出了他们吃进胃里的早餐是什么，所有在场的医生和病人都惊讶得说不出话来。

尤利娅变成“奇人”的消息不胫而走，好奇的人纷至沓来，医院门庭若市。后来，顿涅茨克医院干脆将她留下来，让她代替 X 光透视机，帮助医生诊断病情。曾经有位记者对此抱有怀疑的态度，但令他感到惊奇的是，尤利娅在第一眼看到他时，就说出了记者胃中未消化的面包与果子羹。记者震惊了，不得不相信这是个事实。